Dans la nuit du Débarquement
(Une histoire vraie)

Qui est l'auteur ?

Geneviève Duboscq est l'auteur de ce témoignage. Ce livre contient toute l'histoire de son enfance. Aujourd'hui, Geneviève Duboscq s'est retirée près de Laval, où elle vit non loin de ses enfants, qui veillent sur elle.

Ce roman est paru
aux Éditions Robert Laffont en 1978
sous le titre :
BYE BYE GENEVIÈVE !

Version abrégée par
Philippe Rouet et Constance Joly-Girard.
Épilogue rédigé par Philippe Rouet.

Geneviève Duboscq

Dans la nuit du Débarquement
(Une histoire vraie)

Hachette Livre, 2004.

Je dédie ce livre
à tous les vétérans des armées alliées,
en particulier aux parachutistes
de la 82e et de la 101e Airborne Division,
à Philippe Jutras, vétéran d'Utah Beach,
conservateur du musée de Sainte-Mère-Église,
à Robert,
à tous mes enfants,
et, bien sûr, à Papa Maurice et à ma petite mère.

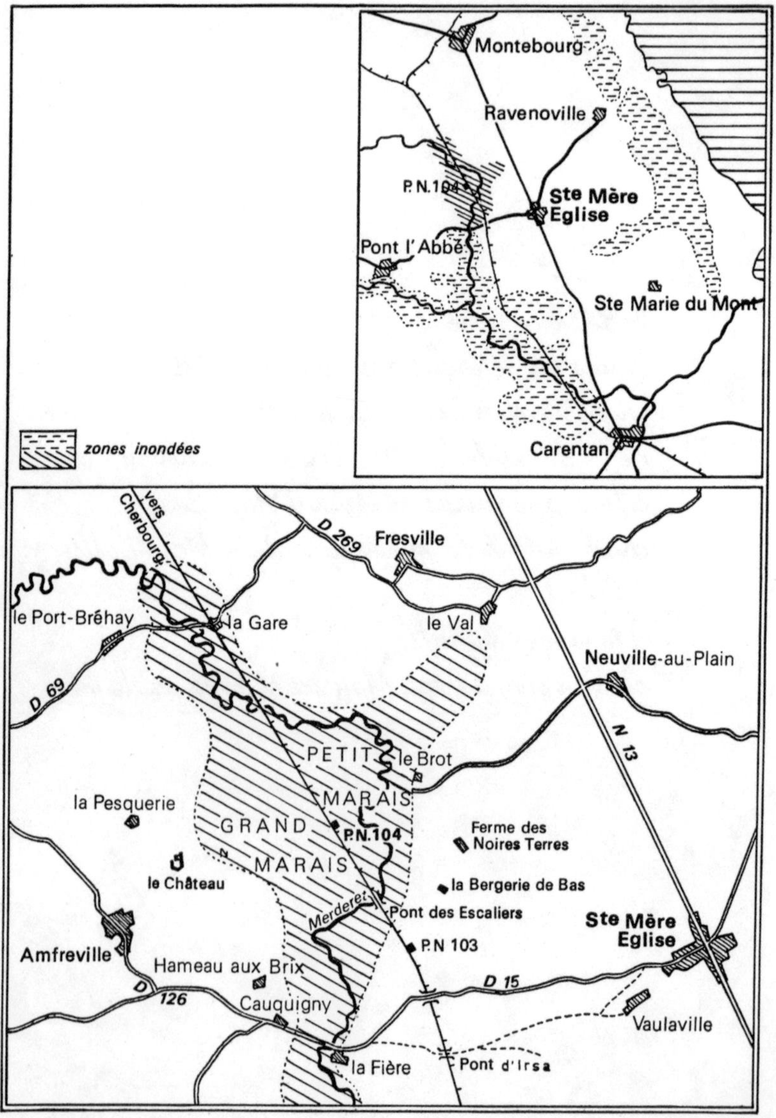

zones inondées
Montebourg
Ravenoville
P. N. 104
Ste Mère Eglise
Pont l'Abbé
Ste Marie du Mont
Carentan
vers Cherbourg
D 269
Fresville
le Port-Bréhay
la Gare
le Val
Neuville-au-Plain
D 69
N 13
PETIT MARAIS
le Brot
la Pesquerie
GRAND MARAIS
P.N.104
Ferme des Noires Terres
le Château
la Bergerie de Bas
Merderet
Pont des Escaliers
Ste Mère Eglise
Amfreville
P.N 103
Hameau aux Brix
D 15
D 126
Cauquigny
Vaulaville
la Fière
Pont d'Irsa

Avant-Propos

Cinq kilomètres séparent le passage à niveau 104, perdu au milieu d'immenses terres basses et marécageuses, du village de Sainte-Mère-Église : cinq kilomètres que nous, les enfants, devions parcourir à pied deux fois par jour pour aller à l'école et en revenir. La première partie du trajet de retour était agréable : trois kilomètres et demi de route et de chemins à travers la campagne ne nous faisaient pas peur. Le reste, par contre, ne nous enchantait guère. Une fois engagés sur la voie ferrée, il nous fallait, pour atteindre le 104, longer en file indienne, sur une distance de quinze cents mètres, la piste qui bordait les rails. L'étroitesse de cette piste, large d'à peine cinquante centimètres, le vent qui soufflait souvent en rafales sur cette zone dénudée, le passage fréquent des trains et les escarbilles brûlantes que projetaient les locomotives à vapeur, les jets de vapeur eux-mêmes constituaient autant de dangers que nous devions affronter tous les jours. Mais, au bout de cette marche nocturne et pleine d'embûches, il y avait le 104, notre maison. C'était un peu notre récompense.

Comme son nom l'indique, le PN 104 était, sur la voie ferrée Paris-Cherbourg, le cent quatrième passage à niveau depuis Paris. Sur cette voie toute droite inaugurée par l'empereur Napoléon III, la S.N.C.F. avait fait construire de jolies petites maisons mises à la disposition des familles chargées de la surveillance des barrières et des rails. Je garde de la nôtre un souvenir précis et lumineux. Comment ne m'en souviendrais-je pas ? Régulièrement repeinte par les soins de la S.N.C.F., emmitouflée dans une profusion de plantes grimpantes plantées par ma mère, elle avait fière allure. Peu de gens aussi démunis que l'étaient alors mes parents pouvaient se vanter de vivre dans une maison aussi pimpante. Elle avait quatre pièces : la cuisine et la chambre de mes parents au rez-de-chaussée, un grenier et une chambre au premier étage. Drôle d'étage ! L'ingénieur farfelu ou négligent qui avait dessiné les plans du 104 nous obligeait, pour atteindre la chambre des enfants, à traverser le grenier. Spacieux et bien aéré, ce grenier donnait sur le marais. Ce n'était pas une chambre inachevée, mais un vrai grenier, qui ne servait à rien. Comble de l'absurde, la chambre d'enfants, minuscule, donnait, elle, sur la voie ferrée. Nous dormions donc, mon petit frère et moi, ballottés dans notre lit par la trépidation des trains qui passaient sous notre fenêtre, régulièrement secoués par de véritables petites secousses telluriques. Mais cette agitation perpétuelle faisait depuis des années partie de notre existence. Jamais elle ne troubla notre sommeil.

Nous avions la jouissance d'une autre maison, plantée celle-ci au milieu d'un champ de quatorze hectares, sur les hautes terres. Cette maison était une ancienne bergerie. Nous l'appelions donc simplement : la Bergerie. Elle méritait bien son nom. La partie du bâtiment réservée autrefois aux moutons aurait pu en loger des centaines. Quant aux humains, ils se contentaient en tout et pour tout d'une cuisine au rez-de-chaussée qui servait de pièce principale où dormaient mes parents, et d'une petite chambre à l'étage.

Entre ces deux maisons, je n'avais pas de préférence, je les aimais bien toutes les deux. Pourtant, la vie à la Bergerie était plus fruste qu'au PN 104. Comme tous les passages à niveau, le 104 avait une pompe et une citerne. En cas de grosse sécheresse, nous allions puiser l'eau du Merderet, une petite rivière qui traversait le marais asséché en été. À la Bergerie, par contre, l'eau manquait souvent. C'était de l'eau d'abreuvoir que nous devions partager avec le bétail, chevaux et bœufs, dont mes parents avaient la garde. Suivant leurs obligations professionnelles, mes parents habitaient tour à tour l'une ou l'autre maison. En dehors de leurs travaux à la Bergerie, ils étaient chargés de l'entretien et de la surveillance de la voie ferrée, sur la portion qui séparait le PN 104 du PN 103. Pendant des années, nous nous sommes ainsi payé le luxe de petites croisières en barque à travers les marais, lorsqu'ils étaient inondés, avec armes et bagages. Il n'y avait ni vent ni voile et le capitaine, mon père, s'appelait Papa Maurice.

3 septembre 1939

Le jour de la déclaration de guerre, ce fut le clocher de Sainte-Mère-Église qui sonna le premier. Je m'en souviendrai toujours. Tout de suite, je sus que le tocsin venait de là. Ce clocher, d'ailleurs, je le voyais de ma chambre. Il était juste en face de la Bergerie.

Celui d'Amfreville lui répondit aussitôt, suivi à quelques secondes d'intervalle par ceux de Fresville, de Neuville-au-Plain et de Chef-du-Pont. Jamais je n'avais entendu les cloches sonner de cette façon. C'était une mélodie étrange et très lente, plus triste que certains soirs d'automne, quand la nuit tombe. D'ordinaire, les cloches sont gaies. Bien sûr, il y a les services funèbres, mais on les connaît. Non, ce n'était pas un service funèbre. C'était un son nouveau et menaçant, une mélopée lugubre chargée d'orage et de désolation qui s'appesantissait lourdement sur les pâturages et les marais. Pourquoi ? Que se passait-il ?

Ce jour-là, maman m'avait confié, à moi la grande fille de six ans et demi, la surveillance de l'adorable bébé d'un an qui, pour le moment, dormait dans son berceau. Pauvre maman. À l'instant où les cloches se mirent à sonner, je la regardais par la fenêtre. Elle s'escrimait à couper à la faucille les touffes de buissons épineux qui poussent au hasard dans les prés, comme les mauvaises herbes dans les jardins. Les bœufs qui les avalent en ont l'estomac déchiré. « La burgrane », dit le dictionnaire. Chez nous, nous appelons ces espèces de chardons à fleurs roses des « arrête-bœufs ».

Maman assurait à elle seule la garde d'un grand troupeau de bœufs d'élevage et l'entretien des quatorze hectares de prairie. L'ouvrage ne lui manquait pas. Elle était seule à subvenir aux besoins de ses enfants. Mon père, victime de ses mauvaises fréquentations et de sa passion pour l'alcool, dépensait en cidre et en calvados ce qu'il gagnait. Ma mère travaillait donc, comme d'habitude. Travail ordinaire pour un jour ordinaire que rien ne distinguait des autres. De Papa Maurice, pas la moindre trace. Ce qu'il faisait nous le savions bien : il buvait, comme tous les jours.

Comme tous les matins, ma mère s'était levée très tôt. Avant de partir pour la ferme de maître Jean Leroux, où elle assurait, en compagnie d'une autre femme, la traite d'une vingtaine de vaches laitières, elle avait déposé au creux de mon bras le bébé endormi. J'étais restée allongée sans bouger, osant à peine respirer de peur de le réveiller.

Claude était toute ma joie. Il était à la fois mon frère, mon protégé et mon refuge, le seul être au monde, mis à part ma mère, avec lequel je me sentais détendue. Je le regardais dormir, attentive à son souffle, craintive et en même temps impatiente de le voir ouvrir les yeux pour profiter de son premier sourire, de son premier gazouillis.

La traite terminée, ma mère était rentrée à la maison vers neuf heures. Escaladant le raide escalier de bois qui menait à ma chambre, elle était venue reprendre son bébé. Pendant qu'elle lui donnait le sein, j'avais allumé le feu dans la grande cheminée du rez-de-chaussée. C'était l'heure du petit déjeuner. Oh, il était bien simple, notre petit déjeuner ! Deux énormes tartines taillées dans un pain de six livres, grillées dans l'âtre et trempées dans du lait chaud. Ensuite, à chacune sa tâche : le ménage pour moi et, pour ma mère, l'entretien des immenses prairies qui entouraient la Bergerie. Denise et Francis, mes deux aînés, passaient leurs journées de vacances scolaires chez maître Jean, employés à de menus travaux.

Oui, c'était une journée ordinaire. Dehors, rien ne bougeait. À ma gauche, le long de la clôture qui masquait le chemin, les grands ormes n'avaient presque pas d'ombre. Il était midi. À ma droite, au-delà des arbres qui limitaient les prairies, commençaient les marais, traversés de part en part par la voie ferrée. Ils n'étaient pas encore inondés, l'hiver était encore loin. D'autres chevaux, d'autres bœufs y broutaient. Peut-être, après tout, Papa Maurice, appuyé contre la barrière de bois du 104, une vieille barrière qui ressemblait à toutes les barrières de campagne, veillait-il sur eux, leur barrant le chemin pour les empêcher de traverser les voies au moment du passage des trains ? Peut-être faisait-il les cent pas le long de la piste, inspectant les rails pour signaler ceux que la chaleur avait pu dilater ?

Image de paix, de sérénité. Non, rien ne pouvait nous arriver. La vie était dure, elle était pénible, mais c'était notre vie. Pourquoi aurait-elle changé ? Et qui aurait pu la changer ?

Les cloches sonnaient toujours. Pourquoi ? Pourquoi sonnaient-elles ainsi ? Il fallait que je sache. Jetant un coup d'œil sur le bébé endormi, rassurée sur son sort, je sortis de la maison et courus vers ma mère. Elle, elle saurait peut-être. M'entendant venir, elle se redressa et, en pleurant, elle me serra contre elle. Le visage contre sa poitrine, je lui demandai pourquoi les cloches sonnaient ainsi.

— C'est le tocsin. C'est terrible. Il sonne pour annoncer la guerre.

— La guerre ?

— Les hommes vont s'entre-tuer, Geneviève. Voilà ce que c'est, la guerre.

Je le savais bien. Mais ces massacres auraient certainement lieu loin de chez nous, dans un coin de France où ni elle ni moi n'irions jamais. Alors, qu'est-ce que cela changerait pour nous ?

— Tu auras bien le temps de t'en rendre compte. Nous allons devenir de plus en plus pauvres, de plus en plus malheureux.

Peut-être bien. Mais étions-nous si malheureux que ça ? Je n'étais pas une enfant gâtée élevée dans du coton et préservée de tout, comme certains enfants des villes. J'avais déjà des responsabilités, je mettais déjà la main à la pâte. Comme on dit, j'en avais vu d'autres. Alors, pourquoi désespérer ?

Ma mère pleurait, il fallait la consoler. Je m'y efforçai du mieux que je pus.

— Fais-moi un beau sourire et arrête un peu ton travail. Tu verras, tout s'arrangera. Viens jusqu'à la maison, je t'offre une tasse de café.

— Ce n'est pas possible, Geneviève. Je ne peux pas m'arrêter maintenant. J'ai encore des clôtures à vérifier avant ce soir. Les bœufs ont cassé plusieurs barbelés, il me faut les remplacer.

— C'est dommage. Tu aurais vu comme il est beau, notre bébé !

La pensée de son petit Claude ramena un doux sourire sur son visage. Docile, elle me suivit jusqu'à la maison. Avec un peu de diplomatie, j'avais gagné pour elle quelques instants de repos. Tandis qu'elle buvait son café, je vins m'asseoir sur ses genoux. Passant mes bras autour de son cou, je lui dis :

— Ne sois pas triste. Apprends-moi plutôt une nouvelle chanson.

D'aussi loin que je me souvienne, le chant m'a toujours passionnée. À croire que j'ai su chanter avant même de pouvoir parler. Connaissant cette passion, qu'elle partageait, ma mère m'apprenait tous les jours un refrain nouveau ou parfois, si elle n'avait pas le temps, quelques vers ajoutés au couplet de la veille. Elle aussi avait une très jolie voix. Nous prenions à nos exercices tout simples un plaisir chaque fois renouvelé. Ensuite, je m'entraînais : je chantais du matin au soir, dans la maison quand le père l'avait désertée, dans les champs, sur la route, en allant avec ma mère faire les courses ou en marchant à la rencontre de ma grande sœur Denise qui rentrait de l'école. Plus tard, en classe, il m'arriva de me mettre brusquement à fredonner, involontairement, en plein milieu du cours.

Le chant, c'était notre luxe, un luxe qui ne faisait de mal à personne. Mais, ce jour-là, il ne semblait pas de mise. Ma mère était si triste. Elle me demanda quand même :

— Tu veux vraiment que je t'apprenne une chanson ? Malgré la guerre qui commence ?

À cause de la guerre, plutôt. Maman m'avait raconté qu'un roi de France, Louis XIII, avait jadis placé notre pays sous la protection de la Vierge Marie. En cas de danger, c'était elle que nous devions prier. Elle ne pouvait pas se détourner de la France. Il existait un beau cantique qui parlait de cela.

— Apprends-moi ce cantique.

— Si tu veux. Mais fais bien attention aux paroles. Je ne les chanterai qu'une fois. Ensuite, il faudra que je retourne travailler.

Alors, elle commença à chanter, doucement, en articulant bien les syllabes. Je répétai après elle :

Vierge notre espérance
Étends sur nous ton bras
Sauve, sauve la France
Ne l'abandonne pas
Ne l'abandonne pas.

Certains souvenirs restent à jamais gravés dans la mémoire. Rien ne peut les effacer. Rien n'effacera le souvenir de ce premier jour de guerre et ce chant naïf, aux paroles pourtant lourdes de sens. C'était une prière, une vraie. Ma mère sourit et me tapota la joue. Puis elle retourna travailler. Je restai seule à la maison, en compagnie de mon petit frère Claude. Pas pour longtemps.

Mon père rentra plus tôt que de coutume. La casquette de travers, l'œil luisant, l'air encore plus féroce que d'habitude, il passa le seuil de la maison en titubant. Incapable de garder son équilibre, il s'agrippa à la porte d'entrée. Je savais ce que cela voulait dire. Je me faufilai discrètement vers l'escalier de bois qui menait au premier étage. Là-haut, je me savais en sécurité. Mon père avait une peur panique de cet escalier. Même dans ses pires moments, il restait conscient du danger que représentait pour lui l'ascension des treize marches de bois. Il s'y serait cassé les reins. Jamais, heureusement pour moi, il n'en prit le risque. J'étais donc en sécurité jusqu'au lendemain.

Un peu plus tard, ma mère m'apporta le bébé. Ensuite, elle partit pour la ferme de maître Jean Leroux assurer comme chaque jour la traite du soir. Elle recevait en échange deux litres de lait frais. La nuit tombait.

Le tocsin, une femme qui pleure, un enfant endormi, le père qui rentre ivre. Ainsi avons-nous vécu, loin de tout et de tous, la première journée de la Seconde Guerre mondiale. Nous ne savions pas encore quel tribut nous allions devoir payer pour retrouver notre liberté. J'avais six ans et cinq mois.

Septembre 1939 – Juin 1944

Maître Jean Leroux et sa femme, dame Marguerite, avaient connu ma mère bien avant son mariage. Ils ne la laissèrent jamais sans travail. Elle put ainsi subvenir à nos besoins. Les jours et les années passèrent, occupés à des travaux divers. Survivance d'un lointain Moyen Âge, la corvée, au village de La Fière, existait encore. Améliorée, bien sûr, et toujours volontaire, la corvée de battage de céréales était la plus curieuse. Armés d'un fléau, les hommes et les femmes frappaient en cadence sur les gerbes disposées d'une certaine façon sur le sol dallé de la cour. Le fléau se composait de deux pièces de bois semblables à des manches d'outils, une courte et une longue, reliées entre elles par des lanières de cuir d'une dizaine de centimètres de long qui leur servaient d'articulation et donnaient au fléau sa maniabilité. C'était un travail dur, pénible et éprouvant.

Souvent, j'accompagnais ma mère aux « Noires-Terres », la ferme de maître Leroux. Émerveillée, je visitais les bâtiments, les étables, les granges. L'ensemble de la ferme formait un grand quadrilatère dans lequel on pénétrait par une ouverture en arc de cercle coincée entre une grange et une étable. À droite en entrant, se trouvaient les granges et les remises. Au fond se dressait la maison des maîtres, appelée aussi « corps de ferme ». La maison n'avait qu'un seul étage, mais ses dimensions en imposaient. Combien de pièces pouvait-elle avoir ? Dix, douze ? Il devait faire bon vivre, dans une telle maison.

Hélas, maître Jean et dame Marguerite avaient à cette époque, eux aussi, une lourde croix à porter. Leurs deux garçons, Jean et Hubert, avaient à peu près le même âge que moi. Il nous arrivait de jouer ensemble. Un jour, Jean organisa un nouveau jeu : celui qui traverserait le plus vite la cour de la ferme aurait gagné. Je courus à toute allure. Jean me suivait sans pouvoir me rattraper. À peine arrivé, il se laissa tomber sur le pavé, contre la porte d'entrée. Il haletait, il devenait violet. Puis son visage et ses mains virèrent au noir. Il pouvait à peine respirer.

Affolé, Hubert appela sa mère. Le soir, en faisant avec Claude et moi la prière du soir, ma mère me dit simplement que Jean irait bientôt « rejoindre Jésus ». Elle ajouta : « Il est très malade. » Je lui demandai le nom de sa maladie. Elle répondit : « On appelle ça la maladie bleue. »

Cette histoire me bouleversa. Je me surpris à penser, avant de m'endormir : « Lui, au moins, ne souffrira plus. » Je me trompais. « Petit Jean », comme nous l'appelions, souffrit longtemps. Il ne mourut qu'en 1945, à la fin de la guerre.

Les années passèrent encore. Comme si elle avait voulu me préparer à ce qui m'attendait, la Providence se chargea d'éprouver ma résistance. D'abord, bien sûr, il y avait les coups de Papa Maurice, le froid, la fatigue, le travail. Il y eut aussi des accidents.

La cheminée de la Bergerie était conçue de telle sorte que nous avions pu installer sous son manteau un petit banc de bois où mon petit frère Claude et moi passions nos soirées d'hiver, à gauche du foyer. La partie droite du foyer était réservée aux poussins nés pendant la mauvaise saison. Car nous élevions aussi des volailles et des lapins. Fixée au fond du foyer, une crémaillère servait de support à une énorme marmite où ma mère faisait cuire la soupe aux légumes. Un soir d'hiver, à peine rentrée de l'école, je vins m'asseoir à ma place, près du feu, comme je le faisais chaque jour. J'avais froid partout : une longue marche en pleine nuit m'avait frigorifiée. Je commençais à peine à me réchauffer. Tout d'un coup, le crochet qui maintenait la crémaillère se rompit. La crémaillère tomba, entraînant dans sa chute la marmite pleine de soupe bouillante.

Je hurlai. Je fus si profondément brûlée que je dus rester tout l'hiver au lit. Un hiver entier à passer mes journées seule dans la maison, en compagnie de Claude. Pour me faire paraître le temps moins long, ma mère m'offrit une jolie poupée. C'était mon premier, mon unique jouet.

Le médecin venait deux fois par semaine renouveler mes pansements. Je n'aimais pas beaucoup cette opération. Las de m'entendre pleurer, le médecin me menaça.

— Si tu pleures, me dit-il, je t'enlève ta poupée.

Il avait vu juste. J'avais un jouet, un vrai, une poupée comme en cajolaient toutes les petites filles de la terre. Non, il ne me la prendrait pas.

Se penchant sur moi, il commença à enlever mes pansements. Les yeux fermés, je crispai les mâchoires. Pas un son ne sortit de ma gorge.

La poupée, c'était le rêve, la douleur, c'était la vie. Pour avoir l'un, il fallait supporter l'autre.

Nous nous étions habitués tant bien que mal à la présence des Allemands sur le sol de France. Les hommes n'en finissaient pas de s'entre-tuer. De cette guerre ne nous parvenaient que des échos colportés de bouche à oreille, des nouvelles vagues, des rumeurs. C'était d'ailleurs une guerre de grandes personnes, une chose sérieuse. Devant les enfants, on se taisait. Pourtant, les enfants n'avaient pas les yeux dans leurs poches. Ils se rendaient compte que tout ce qui se passait était horriblement compliqué. Par exemple, des Français, des compatriotes arborant fièrement un brassard à croix gammée, contrôlaient la voie ferrée et y circulaient sans cesse.

Nous savions bien qu'ils travaillaient pour les Allemands. Ils avaient un drôle d'accent pointu. Sans gêne, ils s'invitaient à déjeuner et choisissaient les meilleurs morceaux. C'était normal, selon eux, puisqu'ils encadraient les hommes du pays réquisitionnés pour la garde des ponts et des voies.

Quant aux Français qui continuaient à se battre pour notre libération, nous ne les connaissions pas. Nous ne savions même pas qu'ils existaient. La Résistance[1] ? Inconnue chez les enfants. Les vrais résistants ne se montraient pas. Il y avait bien un certain de Gaulle[2], un général qui parlait à la radio. Les grandes personnes prononçaient quelquefois son nom à voix basse. Nous, nous ne possédions pas de radio. Et même si nous en avions eu une, à quoi nous aurait-elle servi ? Ni le 104 ni la Bergerie n'avaient l'électricité. Notre radio à nous, c'était la prière. Nous priions tous les soirs pour les aviateurs qui allaient bombarder l'Allemagne, pour ce de Gaulle, pour tous les soldats qui mouraient de par le monde, pour la victoire.

En attendant cette victoire, il fallait survivre. On dit que la nécessité rend ingénieux. J'ai pu vérifier par expérience l'exactitude de ce proverbe. Chaque soir, en ren-

1. La Résistance intérieure se forma dès la fin de 1940 avec la création de mouvements dans la zone nord occupée par les Allemands.

2. Après l'appel à la poursuite de la guerre lancé de Londres le 18 juin 1940 par le général de Gaulle (1890-1970), la radio, par l'entremise de la B.B.C., continua de jouer un rôle de premier plan. Grâce aux ondes britanniques furent transmis régulièrement depuis Londres, sous la forme de « messages personnels », les ordres de l'état-major allié aux services de renseignements sur le continent.

trant de l'école, j'allais sur les terres de maître Jean cueillir deux grands paniers de pissenlits qui serviraient le lendemain de nourriture à nos petites bêtes. Nous élevions également une bonne quantité de dindons et de poules. Après avoir engrangé ses récoltes, maître Jean nous donnait la permission d'aller glaner sur ses terres. Nous parvenions ainsi à mettre de côté suffisamment de grain pour nourrir nos volailles pendant la mauvaise saison. Lorsqu'il faisait beau, elles se nourrissaient elles-mêmes en picorant dans les prairies qui entouraient la Bergerie.

Les rations alimentaires que nous attribuait le gouvernement étaient si maigres qu'il fallait bien se débrouiller pour améliorer notre ordinaire. Ce fut par une belle journée d'été que l'idée me vint de devenir braconnière. Petit Claude avait grandi. Pendant les vacances, dès que nous avions un instant de libre, nous partions, en nous tenant par la main, à la découverte des environs de La Fière. La Fière... Quel nom pompeux pour un hameau de quelques maisons que léchait, l'hiver, l'eau des marais ! La tradition prétend que « La Fière » vient d'un mot allemand ou saxon qui signifie « bac » ou « passage bas ». L'origine de ce nom remonterait aux pirates normands. On lit, sur les registres des fiefs de Normandie, que Gautier de Sainte-Mère-Église et Thomas de La Fière tenaient chacun un fief de chevalier qui dépendait de l'honneur de Lithaire. Il y a bien longtemps que cet endroit ne rappelle en rien les farouches pirates ou les chevaliers querelleurs et belliqueux. Bien au contraire, le calme, les oiseaux, la tranquillité du paysage font de La Fière un coin de paradis. C'était, en 1943, notre lieu d'évasion favori. De là, nous poussions des pointes vers les hameaux voisins. Ce jour-là, notre promenade nous amena près d'un cours d'eau pratiquement asséché. Curieux, ce cours d'eau : une vraie mine d'or ; il foisonnait d'anguilles. Et les anguilles, c'est bon. On les mange « à toutes les sauces » : frites à la poêle, fumées dans la cheminée (on mange alors les boyaux), salées. L'eau à la bouche, je décidai immédiatement de rapporter à la maison ce festin inattendu. La barque de mon père se trouvait sur la rivière, tout près du petit cours d'eau. Papa Maurice laissait en permanence au fond de sa barque un vieux seau qui lui servait à écoper l'eau les lendemains de pluie. Ce seau nous servit de récipient. En un tournemain, il se retrouva rempli d'anguilles frémissantes.

Et puis les choses se gâtèrent. Le seau était lourd, la berge était haute et à pic. À chaque pas, nous nous enfoncions jusqu'à la taille dans le fond boueux du cours d'eau. Il nous fallait de l'aide. Mais pas question d'abandonner notre butin. Un saule qui poussait en bordure nous prêta une branche compatissante et nous permit de sortir du bourbier où nous pataugions lamentablement. Quant au seau, malgré tous nos efforts il resta dans le fossé où nous l'avions hissé à grand-peine. Impossible de le porter jusqu'à la Bergerie. Je le recouvris avec des feuilles larges et grandes provenant d'une plante sauvage qui pousse en bordure des fossés et dont le suc est souverain contre les piqûres d'orties. Ainsi protégées, les anguilles ne souffriraient pas de la chaleur.

Nous courûmes vers la Bergerie, enserrés de la tête aux pieds dans une carapace de boue séchée à l'odeur nauséabonde. En nous voyant arriver, essoufflés et puants, ma mère poussa des hauts cris. Puis elle nous lava, nous peigna et nous changea pendant que je lui racontais notre découverte. Elle n'en crut pas un mot : la pêche lui paraissait trop miraculeuse pour être honnête. Devant notre insistance, elle accepta quand même de venir voir. Elle vit et fut convaincue. Elle récupéra le seau collé au fond du fossé par la boue qui le maintenait prisonnier et le rapporta sans peine à la maison où elle passa son après-midi à nettoyer, vider, cuire ou saler cette manne venue du fond de l'eau.

Quand la provision d'anguilles fut épuisée, je retournai dans les environs de la rivière et j'explorai les cours d'eau environnants. Hélas, les miracles n'arrivent qu'une fois. Il n'y avait plus d'anguilles. Elles avaient déserté pour le reste de la saison les cours d'eau asséchés. Restaient les poissons. Assise dans la barque de Papa Maurice, je réfléchis au moyen de les faire atterrir dans la poêle de la Bergerie. Ma prière, ce jour-là, ne ressembla à aucune autre. Le Bon Dieu dut sourire du haut de son paradis car il ne tarda pas à m'envoyer une solution à mon problème. Ce n'était pas celle que j'espérais, mais ce n'était pas mal tout de même.

Je partis explorer un coin du Merderet que je ne connaissais pas. J'avais trouvé le moyen d'ouvrir le cadenas qui attachait la barque de Papa Maurice aux racines d'un saule, et de le refermer sans que personne s'en aperçût. Je pouvais ainsi naviguer à ma guise sans demander la permission à quiconque. Je partis donc. Délaissant la lourde perche qui servait d'ordinaire à faire avancer le bateau, je longeai la berge en m'accrochant aux herbes hautes, remontant doucement le courant, les yeux fixés sur la surface de l'eau, dans l'espoir du miracle. Rude besogne pour mes maigres bras. Mais ce fut une besogne payante. Je découvris soudain, couchées et cachées au fond de l'eau, immobiles, des nasses en osier posées là par un braconnier soucieux d'améliorer son ordinaire.

Quand il y en a pour un, il y en a pour deux et même pour cinq. Sur le Merderet, on y voyait à des kilomètres à la ronde. Personne. La rivière était calme, le soleil brillait. Je n'entendais que le cri des oiseaux et le clapotis de l'eau contre la coque de la barque. Je me penchai, plongeai mon bras dans la rivière et relevai deux nasses dont je vidai, mine de rien, le contenu au fond de la barque. Elles grouillaient de poissons et d'anguilles. De bons déjeuners et de bons dîners en perspective. Je rebroussai chemin, remis la barque à sa place et rentrai à la maison les bras chargés de poissons que je laissai triomphalement tomber sur la table de la cuisine.

Une question, quand même, me tourmentait. Et si ces nasses avaient été posées par Papa Maurice lui-même ?

S'il me surprenait à voler « ses » anguilles en me servant de « son » bateau ? Là, me disais-je, il me tuera sur place.

Un soir qu'il n'était pas ivre, je lui posai quelques questions anodines sur les pièges à poisson. Ses soirs de sobriété, Papa Maurice se conduisait à peu près normalement. Il se montrait gentil et prévenant avec tout le monde, sauf avec moi, bien entendu ; mais il ne me frappait pas. Il répondit à mes questions. J'obtins ainsi les renseignements que je désirais : les nasses ne lui appartenaient pas. Je pouvais donc y puiser en toute quiétude.

À partir de ce jour, maman put mettre deux fois par semaine du poisson à notre menu. J'étais devenue une vraie braconnière. Ma petite mère ne devina jamais comment j'attrapais tout ce poisson et elle ne posa pas de questions indiscrètes à ce sujet. Le plaisir de voir arriver la nourriture lui suffisait. Quant à Papa Maurice, il ne fit pas le moindre commentaire. Il ne grommela même pas sous sa moustache. Sans doute pensait-il que sa femme se débrouillait bien.

Ce petit jeu dura plusieurs mois. Par précaution, je ne prenais à chaque fois que le contenu d'une nasse sur trois ou quatre. Mon braconnage avait ainsi toutes les chances de passer inaperçu. Il y avait quinze nasses en tout. Une de plus une de moins, quelle importance ? Le braconnier qui, sans le savoir, nourrissait notre famille ne manquerait de rien. Qu'avais-je à craindre ?

Les braconniers ont l'œil. C'est leur métier. Le propriétaire des pièges remarqua par hasard au fond de la barque de Papa Maurice des restes d'appâts qu'il lui sembla reconnaître. Il se cacha dans les roseaux et fit le guet. Il pensait surprendre mon père, ce fut sur moi qu'il tomba. Je le reconnus : c'était André Cuquemelle, qui habitait avec sa femme et ses deux fils une jolie maison à l'autre extrémité de La Fière. Il me flanqua une magistrale fessée et me gronda très fort. Puis, plus amusé que fâché, il me fit la morale.

— Petite malheureuse ! Tu aurais pu te noyer cent fois !

Il me montra tout le danger que représentaient mes expéditions pour une petite fille malingre et incapable de manœuvrer la lourde perche qui servait à faire avancer le bateau. Il me fit ensuite promettre de ne jamais plus braconner, du moins dans la rivière.

Adieu poissons, adieu anguilles. Restaient les lapins de garenne. Ceux-là ne coûtaient rien et leur chair était aussi bonne que celle de nos lapins de clapier. Je demandai à mon frère Francis de me fabriquer quelques collets et de me montrer comment on les posait. Dès lors, avant de partir en classe, tôt le matin, je fis le tour des haies où j'avais caché mes pièges. Hélas, les lapins sont mille fois plus malins que les anguilles. Pendant des semaines, mes collets restèrent désespérément vides. Enfin, un matin, je découvris un superbe lapin pris par le cou.

Ma joie fut de courte durée. Je pris dans mes bras le lapin étranglé par ma faute. C'était un bel animal au pelage soyeux et doux, et il était mort. Tout d'un coup, je fondis en larmes. Je rentrai à la maison. Sans cesser de sangloter, je déposai mon triste trophée sur la table de la cuisine. Ma mère me fit asseoir sur ses genoux et tenta vainement de me consoler. Rien n'y fit. Du haut de mes dix ans, je me considérais comme une criminelle. Depuis ce temps lointain de mon enfance, je n'ai jamais pu ôter la vie à un animal, qu'il soit lapin ou volaille. J'en serais bien incapable.

J'allais régulièrement en classe. Je m'étais découvert un amour profond pour l'étude du français, langue que j'ignorais en entrant à l'école. L'histoire de France, elle aussi, me plaisait bien et je rêvais souvent à l'étrange destin qui avait fait de moi, à cause d'une mésalliance, une enfant de pauvres. Mon grand-père paternel était l'aîné d'une famille puissante, riche et très ancienne. Il eut le tort de tomber amoureux d'une employée de ses parents et de vouloir l'épouser. Les menaces de sa famille, les colères de son père, rien n'y fit. Il ne renonça pas et épousa celle qu'il aimait. Scandalisés, ses parents le déshéritèrent, l'abandonnèrent à son sort et ne le revirent jamais. Il devint le plus misérable des hommes. Toutes les portes se fermaient devant lui. Sa famille resta inflexible. Sa femme partagea vaillamment sa pauvreté, qui ne la changeait guère de la vie qu'elle avait connue auparavant. Les difficultés n'empêchèrent pas mes grands-parents d'avoir une ribambelle d'enfants. Mon père était leur

« petit dernier ». Malheur à lui : toutes les ressources du ménage avaient disparu dans l'éducation de ses aînés. Pour lui, rien. Ses parents étaient même trop pauvres pour lui acheter des sabots de bois. Il ne put jamais aller à l'école. Aujourd'hui encore, il ne sait ni lire ni écrire. Pourtant, dans son genre, c'est une espèce de génie. Sa mémoire remarquable lui permet de tout retenir avec une facilité déconcertante. Par exemple, il a appris à compter tout seul et sa rapidité en calcul mental est telle qu'il peut battre n'importe qui à ce petit jeu.

Mon institutrice s'appelait Mlle Burnouf. C'était une vieille fille maigre et douce, qui n'élevait la voix que dans les grandes occasions. Affectueuse et attentive, elle faisait son possible pour me ramener sur terre les jours où mon imagination m'arrachait à la salle de classe et au tableau noir.

J'avais une autre amie, nommée Mme Mantey, beaucoup plus vieille que Mlle Burnouf, mais aussi bienveillante. Je l'avais rencontrée par hasard... au cimetière.

J'emportais avec moi, chaque matin, une gamelle contenant mon repas de midi. Je déjeunais à toute vitesse, sous le préau, toute seule. Les autres élèves rentraient chez eux ou prenaient leurs repas chez l'habitant. Des gens aimables avaient mis au point cette formule pour éviter aux enfants des hameaux environnants de rentrer chez eux à midi. Les distances, comme c'était le cas pour moi, étaient parfois de plusieurs kilomètres. J'avais toujours refusé cette solution. Je préférais ma liberté et ma solitude au confort d'une cuisine, si accueillante fût-elle. J'avais ainsi chaque jour deux heures bien à moi. Je musardais dans les rues de Sainte-Mère-Église, désertes à cette heure. Le charme discret de ce bourg de campagne me plaisait. Mais, par-dessus tout, je raffolais de l'église elle-même, je ne me lassais pas de l'admirer. Construite aux XIIe et XIIIe siècles, elle avait traversé le temps et les guerres sans une égratignure. Elle est toujours là.

Un jour, mes pas me menèrent jusqu'au cimetière. J'y découvris une tombe de marbre rose surmontée d'un ange d'assez grande taille. C'était la tombe d'une petite fille qui s'appelait Geneviève, comme moi. Je m'assis sur le sol, devant la tombe, et je restai là, sans bouger. Je pensais que cette petite fille là avait bien de la chance d'être morte. Elle, au moins, personne ne la ferait plus souffrir. Mon père avait eu la main lourde, le soir précédent, et mon moral s'en ressentait, ce qui était inhabituel.

Je n'entendis pas la vieille dame approcher. Elle me toucha l'épaule. Je sursautai. La dame ne me posa pas de questions. Devinant ma tristesse, elle s'assit simplement près de moi et commença à me parler de tout et de rien. Elle parlait doucement, sans hâte. L'heure tournait. Il allait bientôt falloir que je regagne l'école. Je dis à la vieille dame :

— Il est l'heure.

Elle me demanda alors de la raccompagner jusqu'à sa porte. Elle habitait tout près de l'école. Elle était vieille, si vieille... Fatiguée par une marche trop rapide, sans prévenir, elle s'appuya d'une main sur mon épaule. La douleur me fit pousser un cri. La vieille dame s'arrêta et me demanda :

— Qu'est-ce que tu as, petite ?

— Rien madame, une simple blessure à l'épaule. Vous pouvez vous appuyer de l'autre côté, si vous voulez.

— Tu es blessée sérieusement ?

— Non, ce n'est rien.

— Je veux voir ça de près. Viens jusque chez moi.

— Je ne peux pas, c'est l'heure. Si j'arrive en retard, je vais me faire gronder par Mlle Burnouf.

— Ne t'en fais pas. Je te raccompagnerai et je t'excuserai.

Il n'y avait plus rien à répondre. La vieille dame m'emmena dans sa cuisine et me pria d'ôter ma blouse, mon chandail et mon maillot. Ce qu'elle découvrit la laissa muette de saisissement. Oui, le père avait eu la main lourde. J'avais le torse et les côtes labourés de coups. Le nerf de bœuf de Papa Maurice avait laissé dans ma chair de longues traînées violettes. Deux plaies ouvertes, l'une à l'épaule, l'autre à la hanche, commençaient à s'infecter.

Mme Mantey nettoya mes blessures et me fit deux pansements. Elle avait l'air de s'y connaître. Elle me confia qu'elle était la femme d'un médecin mort vingt-cinq ans auparavant. Puis, me montrant mes blessures, elle me dit :

— Qui t'a fait ça ?

Après un temps d'hésitation, je lui racontai tout. La

veille au soir, j'étais arrivée en retard à la maison. Papa Maurice avait une bonne fois pour toutes demandé à Mlle Burnouf de noter chaque soir sur un carnet l'heure à laquelle je quittais l'école. Il me donnait trente minutes, pas une de plus, pour regagner la maison. Mon étourderie, ce soir-là, m'avait coûté cher. Je m'étais rendu compte à mi-parcours que j'avais oublié de prendre le pain chez le boulanger. J'avais donc rebroussé chemin. Et voilà. Je savais ce qui m'attendait. Passé le délai des trente minutes, Papa Maurice, suivant la longueur de mon retard, m'infligeait l'une ou l'autre des punitions de son invention. La plupart du temps, il m'obligeait à m'agenouiller sur deux silex biscornus, me faisait mettre les bras en croix et posait une brique dans chacune de mes mains. Si la fatigue et le poids des briques me faisaient baisser les bras, ce qui arrivait immanquablement, il se saisissait de son nerf de bœuf et me frappait dans le dos, comme un galérien. Je subissais ce supplément de pénitence torse nu, d'où les traces de coups sur mon corps.

La vieille dame m'écouta en silence. Puis elle leva les yeux vers moi. De grosses larmes coulaient sur son visage. Elle me dit : « Je vais t'apprendre quelque chose. » Et elle m'apprit à prier d'une façon tout à fait particulière. Cette « méthode », par la suite, me fut bien utile. Grâce à ces prières très spéciales, ce genre de pénitence ne se renouvela plus, sauf lorsque j'avais oublié de « prier ». Alors je payais cher, une fois encore, mon étourderie.

La vieille dame me raccompagna jusqu'à l'école. Nous

n'avions que la rue à traverser. Mlle Burnouf reçut Mme Mantey sur le seuil de la porte et me dit :

— Va à ta place, sans faire de bruit : tes camarades travaillent.

Je fis ce qu'elle me demandait. Mlle Burnouf, ensuite, ferma la porte et je ne pus entendre ce que lui dit ma nouvelle amie. Mais mademoiselle, du jour au lendemain, modifia totalement son comportement à mon égard. Elle fut encore plus patiente, encore plus attentive. Je devinai que Mme Mantey lui avait fait le récit de ma triste vie de famille. Mais jamais mademoiselle ne m'en parla. Je lui fus reconnaissante de sa discrétion. À partir de ce jour, elle m'invita souvent à déjeuner à sa table, me faisant profiter l'hiver d'une bonne assiette de soupe chaude ou d'un dessert qu'elle avait préparé elle-même. Elle n'avait pas à me prier. Nous manquions pratiquement de tout et surtout de ce genre de gâteries. Dans mon cœur, la gourmandise satisfaite se mêlait à la reconnaissance. La langue française y gagna. Je mis dans mon travail plus d'application, m'efforçant, pendant la journée, d'oublier les oiseaux que je rêvais d'imiter et les arbres où je grimpais avec l'agilité d'un écureuil.

Les soirs où le père n'était pas ivre, je retardais l'heure d'aller au lit et je passais de longs moments au sommet d'un grand orme de trente mètres de haut, à contempler le monde.

Un soir, Papa Maurice passa sous mon arbre. Par jeu, je lui criai :

— Hé, papa, je parie que tu es trop vieux pour venir jusqu'ici !

D'en bas, il répondit :

— Pari tenu, ma fille.

Avec une souplesse dont je ne l'aurais jamais cru capable, il escalada mon arbre et vint me rejoindre au sommet. Il me demanda :

— Qu'est-ce que tu fais là, toute seule, dans le noir ?

— J'attends l'arrivée des étoiles.

Semblables à des poussins de lumière venant d'éclore, sortant de leur coquille d'ombre, les étoiles me fascinaient. Je restais volontiers des heures à les contempler. Père me dit :

— Tu sais qu'elles ont des noms, les étoiles ?

— Des noms ? Tu radotes. Tu as vu combien il y en a ?

— Enfin, certaines ont des noms. Pas toutes, bien sûr. Tiens, celle-là, c'est l'étoile polaire. Elle sert aux marins perdus en mer. Ils se guident grâce à elle. Et celle-là, c'est la Grande Ourse. Celle-là c'est le Petit Chariot. Tu vois, elle dessine un chariot dans le ciel.

— Est-ce qu'il y a une étoile qui s'appelle Geneviève ?

— Je ne crois pas, répondit Papa Maurice le plus sérieusement du monde.

— Dommage, ça m'aurait fait plaisir.

Je vis mon père sourire dans la pénombre. Il passa son bras autour de mes épaules et m'attira contre lui. Ma tête reposa un instant sur sa robuste poitrine. C'était son premier geste de tendresse à mon égard. Je le lui fis timidement remarquer. Il eut alors cette réponse énigmatique :

— Tu sais, petite, entre toi et moi rien ne sera jamais possible. Je suis près de toi uniquement pour alourdir ton fardeau.

Il avait dit cela en *français*. C'était la première fois que je l'entendais parler français. D'ordinaire nous nous exprimions toujours en patois.

Qu'avait-il voulu dire ? À quel fardeau faisait-il allusion ? Son étrange confidence me frappa, au cœur. Nous étions blottis l'un contre l'autre en équilibre instable sur le fragile sommet de l'orme, regardant les étoiles, lui, Papa Maurice, et moi, sa fille. L'émotion me fit frissonner. Père se méprit. Croyant que j'avais froid, il m'obligea à redescendre. J'aurais bien voulu rester là-haut, pour réfléchir à la minute étrange que je venais de vivre. Papa Maurice ne l'entendait pas de cette oreille.

— Descends, me dit-il.

Je descendis.

La conversation qu'avait eue Mme Mantey avec mon institutrice porta rapidement ses fruits. Chaque soir, Mlle Burnouf vérifia désormais ma liste de courses et mon panier, pour voir si je n'avais rien oublié. Elle n'inscrivait mon heure de départ sur mon carnet qu'après avoir procédé à ce petit examen. Résultat, je ne fus plus jamais fouettée pour avoir mal fait les courses ou pour être rentrée en retard de l'école, ce qui ne veut pas dire, loin de là, que ma vie se transforma soudain en un paradis rose. Lorsqu'il avait bu, Papa Maurice débordait d'imagination. Il trouva bien sûr d'autres prétextes à corrections. Il en trouva même beaucoup. Mais, dans cette affaire, j'avais gagné deux vraies amies. Je me sentais moins seule, moins perdue.

À quelque temps de là, mes parents décidèrent de quitter la Bergerie pour aller s'installer dans la maison 104. Papa Maurice tenait à être le plus près possible de son travail. Le déménagement se fit comme il se faisait toujours, par bateau. C'était la solution la plus commode. Meublées en permanence, les deux maisons étaient immédiatement habitables et nous ne transportions que les objets usuels. Nous chargions sur une brouette tout ce que nous voulions transporter. La brouette pleine, nous la poussions jusqu'au bord du Merderet, qui coulait le long des limites de la Bergerie, au-delà des arbres, au nord. Mon père nous y attendait avec sa barque. Nous chargions la barque et le père remontait le cours de la rivière sur environ un kilomètre. L'un d'entre nous voyageait avec lui et déchargeait le bateau sur l'autre rive, à deux cents mètres à peine de la maison 104. La brouette servait une nouvelle fois et le tour était joué. Avec un peu d'organisation, ce travail ne prenait pas plus d'une journée, et la vie reprenait son cours normal.

Quelques jours à peine après notre installation, nous eûmes la visite des Allemands... Ils arrivèrent en avion.

Le bel oiseau de métal se posa tout près de la maison. Ce jour-là je tombai éperdument amoureuse pour la première fois de ma vie. J'eus le coup de foudre pour ce magnifique avion. Passant mes mains doucement sur le bord de ses ailes, caressant le long fuselage, je me fis la promesse qu'un jour, à bord d'un avion semblable, j'escaladerais les nuages. Cette fois je n'aurais plus rien à envier aux oiseaux. Moi aussi, comme eux, je volerais haut dans le ciel.

Cet avion ne s'était pas posé à quelques dizaines de mètres de la maison 104 pour faire plaisir à une petite paysanne. Il était là pour une raison bien précise, et les Allemands hautains qui en sortirent, superbes dans leurs uniformes impeccables et si fiers de leurs bottes bien cirées, ne semblaient pas particulièrement amicaux.

Pourquoi l'auraient-ils été ? Que représentions-nous pour ces hommes blonds aux yeux gris, isolés dans notre bicoque, occupés à cultiver notre potager et à surveiller une voie ferrée où ne passaient désormais que des trains allemands précédés et suivis de wagons remplis d'hommes en armes ? Des esclaves, rien de plus, des fourmis, des Français.

Nous n'avions qu'à répondre « oui monsieur l'officier » à toutes leurs questions, à nous montrer polis et déférents.

Poli et déférent, Papa Maurice le fut au-delà de toute expression. Je ne l'avais jamais vu aussi aimable, aussi courtois. Quelqu'un qui ne l'aurait pas connu aurait pu le prendre, en le voyant sourire et faire toutes sortes de courbettes, pour un peureux et un lâche tout prêt à collaborer pour ne pas avoir d'ennuis.

C'eût été mal le connaître. Père était un vieux brigand. Pour tout dire, « on ne la lui faisait pas ». Les Allemands, il les haïssait. En un clin d'œil, il se rendit compte qu'il devait jouer serré. Il n'était pas de taille à lutter à armes égales contre ces envahisseurs dédaigneux et arrogants. Il décida donc de ruser. Il rusa si bien que les Allemands s'y laissèrent prendre. Ils étaient tombés sur plus malin qu'eux.

Un officier allemand, aussi propre et aussi lustré que les autres, s'approcha de lui et lui dit en lui montrant les marais :

— Nous allons construire là un terrain d'aviation.

Cette immense plaine dénudée avait de quoi tenter les ingénieurs de l'armée allemande. Papa Maurice le savait bien. Il ferma à demi les yeux, fit mine de trouver ce projet terriblement intéressant. Puis il dit :

— Je connais bien les marais, je peux vous servir de guide, si vous voulez.

L'Allemand accepta. Alors, le père se mit tranquillement, posément, à expliquer aux officiers présents que les marais étaient des terres régulièrement inondées six mois par an.

— Catastrophiques, ces inondations, monsieur l'officier. Et le pire, c'est qu'on n'y peut rien. Mais alors, rien du tout. Contre elles, il n'y a aucun remède.

Il mentait avec un calme stupéfiant. Il risquait sa peau et il le savait. L'hiver, le Merderet débordait et inondait la plaine. Personne n'avait intérêt à l'empêcher de le faire. En effet, l'eau de mer qui remontait le courant de la Douve, rivière où se jetait le Merderet, apportait jusqu'à nous des alluvions et quelquefois du varech. C'était un très bon engrais, qui fertilisait les pâturages.

Pourtant, le remède dont parlait Papa Maurice existait. Il aurait suffi, pour prévenir les inondations, de creuser un peu le lit de la rivière et de hausser les berges. Mais personne n'en voyait la nécessité et Papa Maurice se garda bien d'expliquer tout cela aux Allemands. Il leur servit de guide, ainsi qu'ils le lui avaient demandé. Mine de rien, il les conduisit dans les parties les plus humides du marais, là où l'eau affleurait. Deux coups de bêche par-ci, deux coups de bêche par-là et les trous, immédiatement, se remplissaient d'eau. Les Allemands voulurent tout voir : le « Grand Marais », vers le château d'Amfreville, et le « Petit Marais », vers La Fière et les hautes terres, où était située la Bergerie. Ce vieux roublard de Maurice connaissait les lieux comme sa poche. Toujours aussi courtoisement, il fit patauger ces messieurs dans les endroits les plus boueux. Bien cirées à l'arrivée, les belles bottes de cuir des Allemands ressemblaient, à leur départ, à des bottes d'égoutiers. Quant aux fringants uniformes, ils étaient crottés jusqu'aux épaules. Et nous étions en été !

Les Allemands ne s'avouèrent pas vaincus. Pendant toute une semaine, ils firent des prélèvements de terrain pour procéder à des analyses. Toujours aussi serviable, Papa Maurice ne les quittait pas d'une semelle. Sans en avoir l'air, il sabotait complètement leur travail, allant jusqu'à rajouter un peu d'eau dans les échantillons qu'il s'était proposé de porter jusqu'à l'avion. Car il aidait les Allemands avec une bonne volonté touchante.

— Laissez, disait-il, c'est un plaisir.

Les Allemands le laissaient faire. Père faisait parfois un léger détour vers la maison 104. Il posait les bocaux pleins de terre mouillée sur la table de la cuisine et disait à maman :

— Mets-moi encore un peu d'eau là-dedans.

Maman rajoutait de l'eau sur les échantillons et Papa Maurice, toujours souriant, toujours déférent, les déposait dans l'avion.

Ce petit jeu eut le résultat escompté : les Allemands renoncèrent à la construction de leur terrain d'aviation. Mais l'idée qu'ils avaient eue pouvait servir à d'autres et se retourner contre eux. Il fallait absolument rendre les marais définitivement inutilisables. Le maréchal Rommel[1], chargé de défendre notre région contre un éventuel débarquement allié dont on parlait de plus en plus, donna l'ordre d'inonder complètement le Grand et le Petit Marais. Les propriétaires retirèrent en toute hâte leurs animaux et les soldats allemands fermèrent pour de

1. Après avoir commandé l'Afrikakorps en Afrique du Nord, le maréchal Rommel (1891–1944) fut rappelé en Europe en mars 1943 pour inspecter les défenses contre un débarquement des Alliés.

bon les écluses qui, sous les ponts, barraient le cours du Merderet. Sur ces ponts passait la ligne de chemin de fer. D'ordinaire, on ne fermait les écluses qu'en été, en cas de grande sécheresse. En 1944, donc, par la volonté du maréchal Rommel, le paysage qui nous entourait changea du tout au tout. En moins d'une semaine, l'inondation fut complète. L'eau montante s'arrêtait à la porte du cellier de la maison 104. Nous nous retrouvions cernés par les eaux, isolés sur la voie ferrée qui traversait à présent un véritable lac, gris et calme, comme une autoroute légèrement surélevée au-dessus de la mer.

Ce changement en annonçait d'autres. À nos questions, à nos « pourquoi ? », les Allemands qui avaient fermé les écluses du Merderet nous avaient répondu : « C'est pour empêcher les Alliés de débarquer. » Donc, on avait peur d'un débarquement allié. Donc, les Alliés débarqueraient bientôt. C'était logique et revigorant. L'espoir renaissait.

L'hiver arriva. Ce serait le dernier que les Allemands passeraient sur le sol de France. J'allais en classe régulièrement, en empruntant les pistes qui longeaient la voie. Notre directeur d'école, M. Leblond, nous faisait faire des exercices d'alerte, en prévision de bombardements toujours possibles. Il nous emmenait sur les petites routes, en direction de La Fière. À son signal, un bref coup de sifflet, nous devions plonger dans les fossés. Gare aux orties ! Elles piquaient. Philosophe, M. Leblond nous expliquait qu'il était plus facile de se remettre d'une multitude de piqûres d'orties que d'une seule blessure de guerre.

Ma vieille amie Mme Mantey n'habitait plus Sainte-Mère-Église. En raison de son grand âge et de son état de santé, elle ne pouvait plus vivre seule. Elle partit finir ses jours chez ses enfants, dans le nord du Cotentin. Ainsi s'en allait la vieille dame bienveillante qui m'avait confié des secrets bien étranges et bien utiles, ainsi s'en allait une de mes amies les plus fidèles. Je ne devais jamais plus la revoir.

Les mois passèrent. L'hiver s'acheva et ce fut le printemps. Le 9 avril 1944, je fêtai mon onzième anniversaire. Onze ans... Adieu la petite enfance. J'étais grande, maintenant, presque une jeune fille. Le départ de Mme Mantey m'avait encore rapprochée de ma petite mère qui travaillait d'arrache-pied, sans se plaindre, pour faire vivre toute la maison. J'essayais de devenir plus sérieuse, plus calme et surtout moins distraite.

La date de la première communion approchait. Dans nos campagnes, c'était un grand événement, qui marquait notre entrée dans la vie adulte. Nous étions trop pauvres pour nous payer le luxe d'une adolescence. Les enfants, chez nous, passaient sans transition du monde des enfants au monde des grandes personnes. Je n'en étais pas loin.

Le père Roulland, curé de Sainte-Mère-Église,

annonça que la première communion aurait lieu le 25 juin. Je n'avais plus que deux mois et demi pour m'y préparer. Je m'efforçai d'étudier mon catéchisme avec soin. Ma petite mère m'aidait. Sans en avoir l'air, elle faisait mon éducation. Elle m'enseigna l'indulgence envers les autres, la sévérité pour moi-même, la charité. Ne jamais juger qui que ce soit, c'était sa règle. Même Papa Maurice avait droit à sa compréhension. « Ne tiens pas compte des commérages », me dit-elle. « On se moque des alcooliques, on les montre du doigt. On a tort. Les alcooliques ne sont pas des criminels. Ce sont des malades. Il ne faut pas les blâmer, mais les plaindre. »

C'était difficile, mais j'essayais. Je ne détestais pas Papa Maurice. Je n'ai jamais détesté personne. Je m'efforçais au contraire de comprendre pourquoi il m'en voulait autant. Je ne trouvais pas. Père m'apparaissait comme un personnage déroutant, tantôt terrifiant et tantôt digne d'admiration, surtout lorsqu'il bernait, avec la ruse qui le caractérisait, ceux qui se croyaient très forts. Je ne connaissais pas encore son courage mais j'eus bientôt l'occasion de le voir à l'œuvre.

Le dimanche 4 juin 1944, le père Roulland invita les familles qui assistaient à la messe à commander les cierges des premiers communiants. Il y en avait déjà en vitrine chez Mlle Lepresvost. Les beaux, les gros, se voyaient le mieux. Mais Mlle Lepresvost en possédait de toutes sortes, et pour toutes les bourses. Hélas, pour la plupart des familles, le cierge le moins gros et le moins beau était encore trop cher. Quant à nous, ce n'était pas la peine d'en parler. Jamais nous n'aurions pu payer de notre poche le cierge le plus modeste. Nous allions devoir quêter, comme d'habitude, la « quête aux cierges ».

Cette pratique, en usage dans certaines paroisses, consistait, pour les enfants de pauvres, à se rendre chez les propriétaires terriens et à solliciter une aumône pour l'acquisition du cierge. En cours d'année, ils avaient trois fois le droit de mendier : le 1er janvier, nous nous rendions dans les fermes et offrions nos vœux de bonne année ; en échange, les fermiers nous donnaient quelques petites pièces de monnaie. Le jour du Mardi gras, nous avions le droit de pratiquer la « quête aux œufs ». Et, enfin, la « quête aux cierges ». Seule subsiste dans nos campagnes la quête aux œufs. Les deux autres ont disparu et ce n'est pas dommage. Je devrais donc tendre la main. Enfant de pauvres j'étais, enfant de pauvres je resterais. Notre misère était incurable. Je sentais la révolte gronder dans mon cœur. La pauvreté, on ne pouvait pas la cacher. À cette occasion, il faudrait l'avouer, la montrer au grand jour, s'abaisser à mendier quelques sous pour acheter un cierge, alors que les enfants des familles aisées n'auraient qu'à passer le seuil du magasin et à désigner le cierge de leur choix. L'Église elle-même trouvait cette différence normale. L'Église des pauvres, l'Église du Christ acceptait de voir les pauvres gens renoncer à leur dignité pour avoir le droit de recevoir un de ses sacrements. Chaque fois, j'en pleurais.

Ma petite mère me réconfortait comme elle pouvait.

— Voilà une bonne pénitence à offrir à Notre-Seigneur, me disait-elle. Il faut apprendre l'humilité.

Je pensais qu'avec un peu d'organisation, l'abbé Roulland aurait pu nous éviter cette pénitence-là. Enfin, on n'y pouvait rien...

Alors, autant penser à autre chose. En rentrant des vêpres, ce dimanche, en compagnie de ma mère, je me mis à chanter à tue-tête. C'était une chanson apprise de bouche à oreille, un air nouveau que l'on fredonnait à voix basse et qui n'avait rien d'un cantique. C'était une prière, mais une prière profane, une prière aux Anglais :

Quand les avions anglais
Survolent nos remblais
Nos cœurs en les voyant
Redeviennent confiants
Vole à tire-d'aile
Reviens vers nous chaque soir
Vole sur tes ailes
Porte-nous l'espoir.

Je chantais à pleins poumons. Ma mère faillit s'arracher les cheveux.

— Tais-toi, petite malheureuse ! Tu veux donc tous nous faire fusiller !

Je me mis à rire.

— Pourquoi ? Nous ne risquons rien, il n'y a pas

d'Allemands dans les marais. Nous sommes bien tranquilles, ici.

— Peu importe, je ne veux pas t'entendre chanter cette chanson, étourdie que tu es ! Tu serais bien capable de te mettre à la chanter en allant à l'école, au beau milieu des patrouilles allemandes !

— Tu fais bien de me parler de l'école. Je ne pourrai pas y aller demain. J'allais oublier de te dire qu'il faut que j'aille à la quête aux cierges. Comment allons-nous faire ?

— Voyons, demain matin je fais la lessive. Je serai libre l'après-midi, je pourrai t'accompagner. Nous partirons après le repas de midi.

— Où irons-nous ?

— Vers Pont-l'Abbé. Je connais quelques grosses fermes, là-bas. Les gens ne demanderont pas mieux que de nous aider.

Avec un soupir, elle ajouta :

— Ainsi ta vilaine susceptibilité sera sauve, tête de linotte. Nous ne quêterons pas près de chez nous.

Je la pris par le cou et l'embrassai sur la joue. Une fois que nous fûmes arrivées à la maison, elle se mit à plumer une vieille poule, trop vieille pour pondre encore. La pauvre bête nous servirait de nourriture dans les jours à venir. C'était du moins ce que nous avions prévu. Mais nous proposons et Dieu dispose. Cette poule ne figura jamais à notre menu. Un destin plus grand l'attendait : un destin historique.

Lundi 5 juin 1944

Il fait froid. Il ne pleut pas mais des nuages menaçants envahissent le ciel. Ce temps maussade dure depuis plusieurs semaines. Il fait parfois si froid qu'on se croirait volontiers à la Toussaint et non pas à quinze jours de l'été. J'aide maman à préparer la lessive. Il ne faut pas beaucoup de temps pour remplir d'eau les deux grands bacs à laver. La pompe marche bien.

Pour occuper ma matinée et pour améliorer l'ordinaire, je décide d'aller à la pêche aux œufs. Cette forme un peu bizarre de braconnage, je l'ai inventée toute seule. Depuis le début de la guerre, le gibier des marais, canards, sarcelles, poules d'eau, n'est plus chassé. Les Allemands et les autorités ont confisqué tous les fusils, y compris les fusils de chasse. Confiscation de pure forme, bien entendu. Combien de paysans roublards ont caché soigneusement leur arme sous un matelas ou derrière un tas de bûches, en attendant les jours meilleurs qui leur permettront de faire à nouveau le coup de feu ? Les jours meilleurs viendront. Mais pour l'instant, pas question d'aller gaspiller du plomb sur de pauvres volatiles, au risque de se faire fusiller. Les oiseaux ont donc pris des habitudes sédentaires. Quand les hommes s'entre-tuent, eux se reposent. Les petits arbres, des buissons plus exactement, qui bordent les remblais, servent d'abris aux nids de toutes sortes. Mon travail consiste à récupérer les œufs de ces nids.

J'ai une technique bien particulière. Je m'habille très légèrement d'un maillot de bain et d'une solide paire de chaussures, j'entre dans l'eau et je fouille les buissons. Bien que recouvertes par plus d'un mètre d'eau, les ronces poussent bien et elles piquent. Heureusement, elles sont beaucoup plus inoffensives que les buissons d'épines noires. Une piqûre d'épine noire entraîne immanquablement un panaris ou un abcès. Inutile de dire que je m'en méfie comme de la peste.

Me voyant prendre un panier, ma petite mère me dit :

— Tu ne comptes quand même pas aller barboter dans l'eau froide par ce temps !

— J'emporte un gros manteau pour me réchauffer quand je sortirai de l'eau.

Ma mère secoue la tête.

— Je n'aime pas te voir prendre tant de risques. Un jour tu auras une congestion, tu couleras comme un caillou et adieu ma Geneviève...

À mon tour je secoue la tête.

— De toute façon, le Bon Dieu ne veut pas de moi. Sinon, il y a bien longtemps que je serais morte.

Ma petite mère sourit et tire sur mes nattes.

— C'est vrai, mais tu prends quand même trop de risques. C'est mal.

— Je ferai attention. Promis juré.

— Je vais te préparer un thermos de lait très chaud. Tu en boiras de temps à autre. Et n'oublie pas de vérifier la fraîcheur des œufs avant de les mettre dans ton panier. Ne détruis pas des couvées inutilement.

Elle pense à tout, ma petite mère. La semaine dernière, j'ai ramené un panier plein d'œufs dont la moitié étaient déjà couvés. Ils étaient même sur le point d'éclore. L'omelette, ce jour-là, n'a pas été grosse. Maman m'a alors expliqué ce qu'il fallait faire ; c'est tout simple mais il fallait y penser. Il suffit, dans chaque nid, de prendre un œuf, de le casser et de voir s'il est frais. S'il est bon, je les prends tous. S'il ne l'est pas, je laisse les autres en place. Un œuf de plus ou de moins, l'oiseau ne s'en formalisera pas, et finira tranquillement de couver sa nichée.

J'arrive à pêcher entre soixante et cent œufs à chaque sortie. Comme je braconne deux demi-journées par semaine, nous avons toujours des œufs en réserve. Le gibier ne manque pas et les œufs sont nombreux. Toutefois, je ne m'éloigne jamais des remblais de la ligne de chemin de fer, là où les eaux sont les moins hautes. Quand je n'ai plus pied, je me cramponne aux arbustes.

Drôle de journée. Il fait vraiment un froid de chien. Maman avait raison ; l'eau est glacée. Je me mouille progressivement la poitrine pour m'habituer au froid et je descends lentement dans l'eau. J'ai laissé mon manteau et mon thermos sur la piste. Ils me seront bien utiles tout à l'heure. Je suis bien, dans l'eau. Devant moi, à perte de vue, les marais. Pas de bruit. L'eau clapote autour de moi, me ceinture. Je me surprends à penser que c'est vraiment épatant d'avoir une petite mère qui pense à tout, même à me préparer du lait chaud. Malgré l'abondance des nids, il me faut plusieurs heures de descentes dans l'eau et de remontées sur la terre ferme pour remplir mon panier. Ils sont si petits, ces œufs ! Transie et émerveillée, j'assiste à la naissance de bébés poules d'eau. De ces œufs minuscules sortent de petites boules de duvet noir. Les adorables petites bêtes nagent dans les minutes qui suivent leur naissance. La vie continue, comme si de rien n'était. Ici, il n'y a plus de guerre, plus d'Allemands ou d'Alliés, plus d'angoisse, plus de terreur. Il n'y a que la vie. Dans mon cœur d'enfant monte une prière d'action de grâce : « Merci, mon Dieu, de n'avoir pas permis que je détruise cette couvée. Et je vous demande pardon pour tous les petits oiseaux que j'ai empêchés de naître. » Aussitôt je me reprends et j'ajoute : « Ce n'est pas ma faute.

Sans cette guerre qui dure depuis si longtemps, nous n'aurions pas si faim. »

Ces minuscules oisillons, je les envie. Eux ne souffriront ni du froid ni de la faim. Ils trouveront dans les marais toute la nourriture dont ils ont besoin et leurs plumes étanches leur font un manteau douillet et confortable. Oui, les enfants des bêtes sont plus heureux que les enfants des hommes. Pourquoi ? Je me souviens de ce que disait Jésus : « Regardez les oiseaux du ciel... »

J'ai toujours aimé les oiseaux et ils me l'ont bien rendu. Je suis sûre, même, qu'ils me comprennent, que je peux communiquer avec eux.

Un jour, je revenais de la Bergerie, avec la barque. J'étais à peu près au milieu du Petit Marais lorsqu'un choc violent, en pleine poitrine, me fit tomber à la renverse. Tout occupée à manœuvrer la lourde perche qui me servait à faire avancer le bateau, je ne faisais guère attention à ce qui se passait autour de moi. Je m'écroulai sur le tas de bûches qui composait la plus grande partie de mon chargement. Je parvins tant bien que mal à me relever et à m'asseoir sur le bord du bateau. La douleur dans ma poitrine était si forte que je me mis à pleurer. Lorsque je fus un peu calmée et que ma respiration devint moins difficile, je regardai attentivement autour de moi, cherchant à savoir ce qui avait bien pu me faire aussi mal.

J'aperçus alors, à l'autre bout du bateau, un canard étendu de tout son long et parfaitement « groggy ». Le responsable, c'était lui. Pauvre canard. Il était mort, à coup sûr. J'escaladai mon tas de bûches avec peine et relevai le malheureux volatile assommé par la violence de notre rencontre. À tout hasard, je lui massai la poitrine, pratiquant ainsi un semblant de respiration artificielle. Au bout d'un moment, l'oiseau s'anima. Je le posai debout sur mon tas de bois et l'examinai en silence. « Monsieur Canard » fit la même chose. Penchant la tête tantôt à droite, tantôt à gauche, il semblait prodigieusement intéressé par ma petite personne. Il avait l'air si drôle que je lui dis :

— Voyons, monsieur Canard, vous n'êtes pas sérieux. La navigation aérienne a des règles bien précises. Je le sais : je volerai, moi aussi, plus tard. Vous n'avez pas honte de faire pleurer une jeune fille ?

Le canard, un splendide colvert adulte, eut alors une réaction inattendue. Il se laissa glisser le long du tas de bois, s'approcha de moi, sauta sur mes genoux, escalada mes mains toujours serrées contre ma poitrine et vint glisser son bec le long de mon cou. Ses plumes, sur ma joue, me semblaient douces comme une caresse. Nous sommes restés ainsi sans bouger pendant quelques minutes. L'idée me vint que nous devions former un tableau bien étrange. Le marais miroitait au soleil, les nuages s'étiraient paresseusement au-dessus de nos têtes, l'air lumineux et doux vibrait dans la tiédeur du jour commençant. Le premier matin du monde ne devait pas être plus beau. Je ressentis tout d'un coup un tel sentiment de joie que, comme d'habitude, je me mis à chanter. Le canard ne bougea pas. Je sentais contre mon cœur le rythme rapide de sa respiration.

À la fin de mon chant, le prenant dans mes mains, je lui dis :

— Tu as de la chance d'avoir été aussi gentil. Normalement, tu aurais dû finir dans la marmite de maman. Bon, maintenant, il faut que je m'en aille, j'ai du travail. Va retrouver ta famille. Mais nous nous reverrons. La prochaine fois que je passerai sur les marais, je t'appellerai : « Oh, oh, monsieur Canard ! » J'espère bien que tu viendras.

L'oiseau pencha la tête à droite, puis à gauche, comme s'il avait compris. Après avoir une dernière fois caressé son plumage si doux, je repris ma navigation vers le 104.

Quelques jours plus tard, refaisant le chemin en sens inverse, par jeu, sans trop y croire, j'appelai M. Canard. Au bout d'un instant, il vint, mais il ne vint pas seul. Toute sa famille l'accompagnait. Cane et canetons se posèrent sur l'eau, autour de la barque. Seul, M. Canard s'aventura sur le bateau. Le pauvre, il n'avait pas fait beaucoup de progrès depuis la dernière fois. Il faillit, encore une fois, me faire tomber à la renverse. Sans y avoir été invité, il reprit d'office sa place sur mes genoux et se laissa caresser avec une satisfaction évidente. Lequel de nous deux était le plus heureux, je n'aurais su le dire.

Désormais, j'étais adoptée. Et pas une fois je ne me promenai en barque sur les marais, pour transporter des bûches ou des objets usuels de la Bergerie au 104, sans appeler « mes » oiseaux. Les premiers temps, seuls les canards vinrent me rejoindre. Puis, les autres s'enhardirent. Les sarcelles, les poules d'eau et d'autres oiseaux singuliers dont je ne connaissais pas le nom se joignirent à eux. Ils me faisaient jusqu'aux hautes terres une extraordinaire escorte. Je pris l'habitude de garnir mes poches de quelques poignées de grains empruntés aux volailles de la Bergerie et de distribuer à chacun un peu de cette friandise inattendue. Mes amis des marais se régalaient. Et je ressentais à chaque fois une joie intense en les voyant accourir à mes appels.

Je me sentais pourtant coupable. J'avais honte de trahir leur confiance en allant chaparder des œufs dans leurs nids. Mais j'avais des excuses. Nous avions si souvent faim ! Et eux, mes oiseaux, étaient si nombreux qu'à raison de trois ou quatre couvées par an, ils se multiplieraient sans peine. Et puis ils ne manqueraient jamais de nourriture.

Je pensais à tout cela en cette matinée du 5 juin 1944, en trahissant de nouveau la confiance de mes oiseaux. C'était ma dernière pêche aux œufs, mais je ne le savais pas.

Je rentre à la maison et maman me frictionne énergiquement avec un mélange de sa fabrication, moitié calvados, moitié eau de Cologne, dans lequel elle a fait macérer une plante qui m'a tout l'air d'une ortie. Le résultat ne se fait pas attendre : en quelques minutes, je suis entièrement réchauffée. Cette délicieuse sensation de chaleur durera plusieurs heures. Je raconte à mon petit frère Claude la naissance à laquelle j'ai assisté. Il applaudit en riant, bat des mains. Je ne l'ai pas emmené avec moi, aujourd'hui, il faisait vraiment trop froid. Claude, d'ailleurs, l'a parfaitement admis. Il a dit :

— Il fait un froid à ne pas mettre un petit garçon dehors.

Il ne pouvait trouver une définition plus juste.

Notre déjeuner est vite expédié, nous partons très tôt en début d'après-midi. Maman a fixé un grand panier sur le porte-bagages de sa bicyclette ; nous cueillerons en route de l'herbe pour les lapins. Comme nous n'avons qu'une bicyclette pour deux, nous marcherons à pied, comme nous le faisons toujours en allant ensemble à Sainte-Mère-Église les jours de marché.

Dépassant La Fière, nous nous dirigeons vers Pont-l'Abbé-Picauville. Nous arrivons au lieu-dit *La Patte d'Oie de Cauquigny*. Je m'arrête un instant pour regarder notre maison. D'ici, elle paraît toute petite. Sur ces quatre kilomètres de marais inondés, seules émergent la voie ferrée et cette maison perdue. Le léger brouillard qui flotte perpétuellement sur cette immense nappe liquide donne au paysage un aspect féerique. J'aime passionnément le brouillard. Il convient très bien à mon tempérament solitaire et rêveur. Maman me rappelle gentiment à l'ordre.

— Eh bien, petite, tu rêves ? Si tu veux que nous

soyons rentrées de bonne heure, il ne faut pas musarder en route.

Devinant mon état d'âme, elle ajoute :

— Allons, ce n'est pas si terrible, la quête aux cierges. Si tu veux, j'entrerai avec toi dans les fermes et je parlerai à ta place.

Je la remercie d'un sourire et c'est d'un pas vif que je reprends ma marche. Nous avons déjà fait quatre kilomètres. Il en reste autant à parcourir avant d'arriver aux premières fermes. Ensuite, il y aura le retour. Notre panier d'herbes, au fil des kilomètres, se remplit doucement. En descendant dans le fossé pour cueillir une poignée de pissenlits, maman pousse un petit cri.

— Viens voir, Geneviève.

Elle me montre du doigt un gros câble noir.

— Si j'étais vraiment sûre que le débarquement allait avoir lieu bientôt, je les couperais bien, ces fils du téléphone. Entre Sainte-Mère et Pont-l'Abbé, les Allemands ne pourraient pas se parler. Ils seraient bien embêtés.

— Tu crois que les Alliés vont arriver ?

Elle se redresse, me regarde avec une expression bizarre que je ne lui ai jamais vue.

— Oui, me dit-elle, ils vont arriver. Je ne sais pas pourquoi, mais *j'ai l'intuition que cela ne va pas tarder.*

Nous continuons notre marche. Ma petite mère n'arrête pas de parler du débarquement, de ce fameux débarquement qui se fait tant attendre. Son imagination travaille. Comment cela va-t-il se passer ? Cherbourg est un grand port. Ils débarqueront sûrement là. Mais il y a beaucoup d'Allemands, à Cherbourg. La bataille risque d'être dure, très dure...

Nous arrivons à la première ferme. Maman se présente, explique notre cas et la fermière, généreuse, m'offre une belle pièce qui représente à elle seule le tiers du prix du plus beau cierge. En me remettant cet argent, elle me dit d'une voix pleine de tristesse :

— Je sais que le Bon Dieu écoute volontiers les enfants. J'ai un grand fils prisonnier en Allemagne. Le jour de ta première communion, ne l'oublie pas dans tes prières. Alors il reviendra.

Je promets. Je dis à la fermière : « Je vais prier tout de suite. » Les larmes plein les yeux, elle me remercie. Je comprends que la guerre est avant tout un calvaire pour les mamans. Pendant que leurs fils s'entre-tuent, elles attendent, elles attendent à n'en plus finir.

La seconde ferme où ma mère me conduit est immense. La disposition des bâtiments et du corps de ferme ressemble à celle des Noires Terres. Cette ferme, par contre, est moins isolée que celle de maître Jean. La route qui va de Sainte-Mère-Église à Picauville passe tout près.

La fermière qui nous reçoit connaît maman depuis longtemps. Elle nous invite à goûter. Un grand bol de café fumant, de l'orge grillée en fait, une énorme tartine d'un pain de douze livres appelé « tourte » et nous voilà restaurées. La jolie jeune fille qui nous sert est probablement la petite-fille de la fermière.

Une autre ferme encore, et nous avons récolté suffisamment d'argent pour acheter enfin ce cierge indispensable. Nous pourrons même nous offrir le plus beau. Je me sens mieux, presque gaie. Maman me fait malicieusement remarquer que je marche avec plus d'entrain qu'à l'aller.

Tout en marchant, elle regarde avec insistance le câble téléphonique qui longe notre route. À demi recouvert par les herbes, il disparaît à certains endroits pour réapparaître un peu plus loin. Maman soupire :

— Quel dommage que je n'aie pas un outil pour couper ce câble. Je regretterai longtemps de ne pas avoir emporté des tenailles.

— Ce n'est pas difficile. Je vais dans la première maison venue, j'emprunte l'outil dont tu as besoin et je le rapporte ensuite à la personne qui me l'a prêté. Tu vois, c'est tout simple.

— Tu n'as pas peur, petite ? Nous pouvons être surprises par les Allemands et être tuées sur place.

— Je n'ai pas peur, maman. De toute façon, nous ferons attention. Tu dis toujours qu'il faut s'en tenir à sa première idée, que c'est toujours la bonne. Alors, c'est entendu. Je vais chercher une pince coupante ou des tenailles.

Sans répondre, maman hoche la tête. Je cours.

La vieille dame qui me reçoit sur le seuil de sa porte

me demande ce que je veux. Rouge de confusion, je bafouille :

— J'ai cassé les rayons de ma bicyclette. Vous n'auriez pas des tenailles, s'il vous plaît, que je puisse les couper ? J'aurais moins de peine à rouler pour rentrer chez moi. Je vous les rapporte tout de suite. Ma bicyclette est sur la route, pas loin.

J'ai débité ma tirade sans reprendre mon souffle. La vieille dame scrute mon visage avec attention. Je ne sais plus où me mettre. Finalement, elle me dit :

— Je ne sais plus ce que j'ai, comme outils. Je ne m'en sers plus guère. Allons voir dans le cellier. Je vais te montrer.

Il nous faut traverser une immense cour où poussent des herbes folles. La vieille dame marche péniblement.

— Tu n'es pas du coin, me dit-elle. Qu'est-ce que tu fais dans les parages ?

— Je vais faire ma première communion à Sainte-Mère-Église, le 25. Je fais la quête pour mon cierge. J'ai réuni ce qu'il faut. Je repartirai dès que j'aurai coupé les rayons de ma bicyclette.

— Pourquoi n'es-tu pas venue me voir, pour ta quête ? Ça m'aurait fait plaisir de te donner quelques sous.

— Vous êtes gentille, madame, mais maman m'a bien recommandé d'aller uniquement dans les grosses fermes.

— Bien sûr, je comprends. Mais tout de même, tu

m'aurais fait plaisir en venant quêter chez moi. Je t'aurais gâtée, tu ne serais pas venue pour rien.

— Je ne suis pas venue pour rien, puisque vous allez me permettre de dépanner mon vélo.

La vieille dame me montre, dans le cellier, un lot d'outils aussi vieux qu'elle. Une cisaille genre coupe-boulons est accrochée au mur. Je la désigne du doigt.

— Celle-là.

— Eh bien, prends-la, petite.

— Je vous la rapporte tout de suite.

— J'y compte bien.

Je quitte la vieille dame au pas de course. Sa démarche lente et claudicante lui interdit de me suivre. Tant mieux. Je crains sa curiosité. Je n'ai pas menti en lui disant que ma bicyclette avait des rayons cassés, je n'ai pas menti non plus en affirmant que j'avais besoin de tenailles pour les couper. Mais je me suis bien gardée de lui raconter que son outil allait servir à couper autre chose. En fait, je n'en mène pas large. Bien sûr, couper les fils du téléphone ne constitue pas a priori une action répréhensible. Les Allemands, après tout, sont nos ennemis. Mais ce qui me gêne, c'est d'avoir raconté des histoires à la vieille dame.

Maman m'attend, assise sur le bord du fossé. Elle me fait signe de venir m'asseoir près d'elle. Quelques minutes de repos après cette course me semblent bienvenues. Maman examine l'outil que je viens de lui apporter, puis regarde le câble téléphonique. Nous sommes assises dessus. Il est à peu près de la grosseur d'un poignet. En un tournemain, sans effort apparent, ce qui prouve que malgré la rouille les tenailles sont encore bonnes, ma petite mère, d'un coup sec, coupe le gros câble. Puis elle se lève vivement, va s'asseoir deux mètres plus loin et me fait signe de la rejoindre. Dissimulée entre nous deux, les tenailles entrent en action pour la seconde fois. Je tire sur le morceau de câble coupé, je le roule et je le jette derrière la haie.

Cette première opération terminée, maman cache l'outil dans l'herbe du panier et nous avançons, l'air innocent, d'une centaine de mètres. Nous nous asseyons à nouveau sur le bord du fossé et nous recommençons tranquillement notre petit manège. Ma mère décide de couper en tout une dizaine de bouts de câble de deux mètres de long environ. Ainsi, les Allemands ne pourront pas le raccorder en tirant dessus. Devenu trop court, il devra être remplacé totalement. Du travail en perspective pour les envahisseurs.

À notre cinquième descente dans le fossé, un superbe lapin, dérangé dans sa sieste, déboule à nos pieds. La surprise nous fait faire un bond en arrière. Maman regarde autour d'elle et me dit :

— Allons plus loin. Ce lapin a construit sa rabolière par ici. Ne le dérangeons pas.

Elle a raison. La guerre et les sabotages ne concernent pas les animaux. Le temps de jeter un coup d'œil attendri sur le terrier où s'ébattent de jolis petits lapins gris et nous revoilà quelques mètres plus loin, prêtes pour une nouvelle opération.

Lorsque ma mère juge que nous avons suffisamment travaillé, elle coupe les rayons de ma bicyclette, cache à nouveau la cisaille au fond du panier, place les rayons bien en vue sur l'herbe et me demande d'aller très vite, en vélo, rendre son outil à la vieille dame. Pendant ce temps, elle s'éloigne rapidement du lieu de notre sabotage.

Malgré le froid, la vieille dame m'attend assise sur les marches extérieures de sa cuisine. Je pose ostensiblement les rayons coupés sur l'escalier de pierre. Puis, après avoir sorti l'outil du panier, je vais seule le ranger dans le cellier. À mon retour, la vieille dame me tend une enveloppe et me dit :

— Tiens, petiote, c'est pour toi. Je t'ai mis quelques sous là-dedans. Tu pourras t'acheter des friandises, le jour de ta communion.

Je regarde l'enveloppe d'un air gêné.

— Je n'ose pas accepter, madame. Maman m'a bien recommandé de ne pas prendre plus que le prix d'un cierge. Si j'accepte, je vais sûrement me faire disputer.

— Prends ça quand même. Si ta mère n'est pas contente, tu lui diras qu'elle vienne me le dire elle-même. L'argent que je te donne te servira à acheter tes images et ton chapelet, petite mule.

Souriant de sa bouche édentée, elle ajoute :

— Ne t'en fais pas pour moi, je suis plus riche que j'en ai l'air.

Elle m'attire vers elle, m'embrasse.

— Dépêche-toi de repartir, il va bientôt pleuvoir. Si tu restes là, tu vas te faire tremper.

Je ne me le fais pas dire deux fois. Je monte sur ma bicyclette et je pédale à toute vitesse. Maman a dû marcher vite, à moins que je ne me sois attardée plus longtemps que prévu. Toujours est-il que je ne la rejoins qu'au pont qui enjambe la rivière à l'entrée de La Fière. Je descends de vélo, je lui remets l'enveloppe de la vieille dame en lui disant que je l'ai acceptée malgré moi. Maman me regarde sévèrement. Je me sens rougir sous son regard désapprobateur. Timidement, j'essaie de me disculper.

— Je t'assure que je n'ai pas pu faire autrement. Elle tenait réellement à me remettre l'enveloppe. Elle m'a dit que si tu n'es pas contente, tu dois aller le lui dire toi-même.

Maman ne répond pas. Elle ouvre l'enveloppe et pousse une exclamation horrifiée :

— Oh ! Qu'est-ce qu'on va faire de tout ça ?

« Tout ça », c'est un gros billet de cent francs, le plus gros billet ayant cours à l'époque. La voix chargée de colère, maman me dit :

— Que comptes-tu faire de cet argent ? Nous sommes pauvres mais nous ne sommes pas mendiantes à ce point. Cette vieille n'est pas raisonnable et tu es bien sotte d'avoir accepté.

— Nous n'allons pas nous disputer à propos de ce billet. J'ai trouvé une solution : je le donnerai à M. le curé le jour de ma communion. Comme ça, on n'en parlera plus. Inutile de nous faire de la peine pour si peu.

Il était et il est toujours de tradition, dans les campagnes, que les premiers communiants donnent au prêtre une obole dans une enveloppe fermée. Généralement, c'est une pauvre offrande, quelques pièces, sans plus. Pour une fois, l'abbé Roulland va être gâté. Tant mieux pour lui.

Nous cheminons en silence. Je connais bien ma mère : si elle ne parle pas, c'est qu'elle a du chagrin. Je lui prends la main.

— Dis-moi pourquoi tu as du chagrin. Je ne comprends pas. Cette vieille dame nous a gentiment prêté sa cisaille. Elle a voulu nous faire plaisir en nous donnant ce billet. Tu dois me croire : elle n'avait pas l'intention de nous blesser.

Maman me regarde longuement. Convaincue de ma sincérité, elle sourit. Un pauvre petit sourire.

— Tu comprendras plus tard. C'est une question d'honneur.

Elle fait quelques pas en silence puis ajoute :

— Une question de dignité.

Je fronce les sourcils, serrant sa main dans la mienne.

— Je sais, dis-je très sérieusement. Mais la vieille dame, elle aussi, a de l'honneur et de la dignité. Ce que les riches donnent aux pauvres, ils le donnent au Bon Dieu. Elle a simplement voulu faire plaisir au Bon Dieu.

Puis, sans transition, je me mets à sautiller en marchant.

— Quelle tête ils vont faire, les Allemands, quand ils verront dans quel état nous avons mis leur câble !

Cette fois, ma mère sourit sans contrainte. Puis, redevenant sévère et grave :

— Jure-moi que tu ne diras rien à personne.

— Même pas à Papa Maurice ? Même pas à petit Claude ? Papa serait fier de nous.

— Penses-tu, il nous battrait, oui.

— C'est vrai, inutile de lui donner une raison de se mettre en colère.

— Alors, promis ? Tu ne diras rien à personne, même pas à petit Claude ?

— Promis.

Il se met tout d'un coup à pleuvoir. La vieille dame avait raison. Une ondée serrée, fine, froide, nous cingle le visage. Le kilomètre et demi de piste est bien désagréable à parcourir. Nous grelottons. L'eau glauque qui recouvre les marais clapote en bordure des remblais. Maman regarde cette eau.

— Il ne doit pas faire bon en mer, par ce temps-là. Si le débarquement a lieu, j'espère qu'il ne se fera pas par mer. Les pauvres soldats ne seraient pas à leur aise... le mal de mer rend si malade...

— Tu dois te tromper, maman, les Alliés ne peuvent pas prendre le risque d'arriver par un temps pareil !

— Peut-être. Pourtant, depuis mon réveil, ce matin, j'ai le pressentiment qu'il va se passer quelque chose, et que cela va avoir lieu *chez nous*.

— *Chez nous ? Dans nos marais ?* Tu n'y penses pas, maman ! Qu'est-ce qu'ils viendraient faire, les Alliés, dans notre coin perdu ?

Elle ne répondit pas tout de suite, puis me dit :

— Je ne sais pas. Nous verrons bien...

Nuit du 5 au 6 juin 1944

À notre retour, nous trouvons le feu allumé dans les deux cheminées. Il fait bon dans notre maison. La lampe à pétrole fume un peu. Maman règle la mèche avant même d'ôter ses vêtements mouillés. Le père a eu la bonne idée d'entretenir les deux feux, dans la cuisine et dans la chambre des parents. Quelques semaines auparavant, les Allemands l'ont réquisitionné pour assurer la garde de nuit sur le pont de la voie ferrée, entre le 104 et le 103. Il dort le matin et, l'après-midi, il bricole. Toute cette semaine, il a passé ses après-midi à gratter, nettoyer, recalfater sa petite barque, cette barque qui, dans les heures à venir, va lui permettre de sauver tant de vies humaines.

Depuis qu'il garde le pont, il n'a plus le temps de fréquenter ses ivrognes d'amis et la vie à la maison s'en ressent agréablement. Pauvre père, pour un peu je le trouverais sympathique. Hélas, cette paix relative ne durera pas. Ce n'est qu'une courte accalmie. Qui saura un jour décrire la souffrance des enfants d'alcooliques, l'attente angoissée du retour de l'ivrogne, la solitude morale ? Les enfants qui possèdent de bons parents ne connaissent pas leur bonheur.

Il est à peine dix-neuf heures et, malgré la saison, la nuit est déjà tombée. Oui, on se croirait vraiment au cœur de l'automne. L'ombre recouvre à présent l'immense étendue d'eau qui nous entoure. En guise de souper, maman, comme chaque soir, nous a fait chauffer un bon bol de lait dans lequel, grands et petits, nous émiettons une grosse tartine de pain grillé. Ensuite, au lit. Mais ma petite mère me demande tout d'abord de mettre la vieille poule à cuire dans un grand pot-au-feu. Si le père a froid cette nuit, il profitera de ses rondes sur la voie pour venir boire un bol de bouillon chaud.

Je tâtonne quelques instants dans le cellier à la recherche du cageot de légumes. Soudain, un coup de vent malencontreux éteint ma petite lampe à pétrole. Ce n'est pas grave. Je remplis mon cageot. Les légumes viennent du grand potager de la Bergerie. Chère Bergerie, nous ne l'avons pas abandonnée. Nous y allons tous les jours, les uns et les autres, soit compter les bœufs du troupeau, soit nourrir les volailles et cueillir les légumes. Francis, mon grand frère, a décidé d'y passer la nuit. Il sera plus tranquille pour faire ses devoirs et préparer à son aise son certificat d'études. Il s'occupera aussi de Blanchette. Blanchette, c'est notre vache, une bonne grosse vache que les propriétaires du troupeau ont prêtée à maman. Maman assure gratuitement la garde du troupeau, mais, en échange, tout le lait de Blanchette est pour nous. En ces temps de guerre, ce n'est pas négligeable, loin de là. Le lait que nous ne consommons pas, nous l'écrémons. La crème nous sert à assaisonner les légumes et le reste, nous le transformons en beurre.

Père part dans la direction du pont. La relève de la garde est prévue pour vingt et une heures. Une dizaine d'hommes s'entassent comme des sardines dans la petite guérite construite sur le pont, en bordure de la voie. Que gardent-ils, au juste ? Ils n'en savent rien, les pauvres. On les a réquisitionnés pour qu'ils soient là et ils y sont, c'est tout. Certains sont vieux, comme M. Touzé, que je connais bien. Avant de regagner Sainte-Mère-Église, il s'arrête toujours à la maison pour boire avec nous une tasse de café. D'autres sont très jeunes, comme Gabriel, « Gaby », un petit gars de dix-neuf ans dont les parents habitent au village d'Hemevez.

Je dors depuis environ une heure lorsqu'un grondement sourd et continu me réveille. Il y a belle lurette que le fracas des trains qui passent sous ma fenêtre ne me réveille plus. Non, il ne s'agit pas d'un train. Le bruit qu'on entend en ce moment est tout à fait différent. Petit Claude m'appelle :

— Tu entends, Geneviève ? On dirait des avions.

Je me lève et je regarde par la fenêtre. En effet ce sont des avions. Ils volent bas. On aperçoit leur ombre noire et massive qui se détache contre les nuages. Le bruit s'amplifie. Je me recouche. Ce n'est pas la première fois que des avions survolent notre maison. Chaque nuit, ou presque, nous entendons nos amis alliés passer là-haut, au-dessus de nos têtes. Chaque fois, nous faisons une prière à leur intention. Tout de même, ils volent bien bas, cette nuit, et ils sont bien nombreux. Que viennent-ils faire chez nous ? Brusquement me reviennent en mémoire les étranges paroles de ma mère. Ma mère et son pressentiment : et si c'était vraiment, cette fois-ci, le débarquement ? Le débarquement ? Tu rêves. Pourquoi viendraient-ils aujourd'hui, par un temps pareil ? Non, ce n'est rien, rien qu'un passage d'avions au-dessus des marais.

Petit Claude vient se glisser dans mon lit et chuchote à mon oreille :

— J'ai peur, Geneviève, et toi, tu as peur ?

— Ne t'inquiète pas, mon poussin. Ces avions font beaucoup de bruit, mais ce sera bientôt fini. Dors, mon pet...

Je n'ai pas le temps de terminer ma phrase. Du rez-de-chaussée, maman hurle :

— C'est fini, ce tapage, oui ? Dormez !

Je me relève, je traverse le grenier et, penchée sur la rampe de l'escalier, je crie :

— Ce n'est pas nous, ce sont les avions !

Et j'ajoute :

— Petit Claude a peur. On peut descendre ?

— Oui, venez.

Le bruit des avions ne nous effraie plus, mais l'idée de dormir dans le grand lit moelleux de maman nous plaît tellement que nous profitons immédiatement de la permission. Nous arrivons au bas de l'escalier lorsque le père, tout excité et poussant Gaby devant lui, entre en coup de vent dans la cuisine. Il gesticule, il crie.

— Cette fois, femme, ça y est ! C'est le débarquement ! Il y a trop d'avions pour que ce soit normal. Ça y est, ils arrivent, ils arrivent !

Papa Maurice rayonne de joie. Je lève les yeux vers ma petite mère et je lui souris. Après tout, nous avons peut-être fait du bon travail, cet après-midi. Un doigt sur les lèvres, maman me rappelle ma promesse. Je cligne des yeux en hochant la tête : j'ai compris.

Maman montre Gabriel et dit au père :

— Et les autres, qu'est-ce que tu en as fait ?

Un détail insolite la surprend. Elle s'approche du père :

— Dis-moi, où sont vos brassards ?

— Alors, là, femme... Dès que j'ai vu passer les avions, je me suis dit : « Maurice, il faut se tirer d'ici. » Les avions volaient au ras des arbres, c'était pas normal. J'ai dit aux gars de la guérite : « Je rentre chez moi manger une assiette de soupe. Allez, je vous invite tous. Qui c'est qui veut venir avec moi se taper un bon bol de bouillon, hein, les gars, une soupe bien fumante ? » Tous des mules, les gars. Personne n'a bougé. J'ai dit : « Allez, les jeunots, ça va vous dégourdir les jambes. » Mais ils ne voulaient pas. Ils disaient qu'il faisait trop froid pour mettre le nez dehors. Alors je suis parti avec le petit en leur disant qu'on reviendrait plus tard. Tu parles. Les brassards, ma femme, je les ai roulés autour d'un caillou et je les ai balancés dans les marais. Sous deux mètres d'eau, ils sont.

Il exulte et je partage sa joie. Pour lui, porter ce brassard à croix gammée était un véritable supplice. Il se frotte les mains, il jubile. Sa joie fait plaisir à voir.

— Maintenant, ma femme, je vais chercher une bonne bouteille de cidre pour fêter ça. Geneviève, mets les verres sur la table.

Pour lui, tout est prétexte à trinquer. Mais ce soir il n'en aura pas le temps. Brutalement poussée d'un violent coup de pied donné de l'extérieur, la porte de la cuisine, qui donne sur la cour, s'ouvre toute grande. Armé d'une mitraillette, un homme bizarrement habillé nous met en joue. La stupéfaction nous cloue sur place. Nous attendions des amis, des rires, des embrassades. Et c'est un ennemi qui nous arrive, un homme à l'air farouche qui serre les mâchoires, nous observe sans dire un mot puis fait un pas vers nous, un pas, puis un autre.

D'un brusque coup de pied donné en arrière, il referme la porte, aussi violemment qu'il l'a ouverte. Elle grince. Pauvre porte, elle n'est pas habituée à pareil traitement. Devant nous, l'œil et l'oreille aux aguets, l'homme continue à nous observer. Personne n'ose faire le moindre geste. Un mouvement de trop, et il nous tue, c'est sûr. Je le dévisage. D'où vient-il donc ? Ses vêtements sont secs, donc il ne pleut plus et il est forcément arrivé par la ligne de chemin de fer, seul endroit, dans cette contrée perdue, à ne pas s'enfoncer dans l'eau. J'ai encore le temps de penser : « Mon Dieu qu'il est sale ! Il a la figure et les mains toutes noires. Il aurait quand même pu se laver. »

Indifférente à notre émotion, la vieille horloge, imperturbable, sonne les trois quarts de dix heures. La minute que nous sommes en train de vivre a quelque chose d'irréel. Un inconnu au visage crispé nous tient en joue sous la menace de sa mitraillette, prêt à nous abattre tous. Pourtant, nous n'avons pas peur. Nous sommes simplement paralysés par la surprise. Enfin, en français, sans accent, l'homme demande très vite :

— Amis ou ennemis ?

De notre réponse dépend notre sort. Mais personne ne semble tout à fait s'en rendre compte. Comment pourrait-on nous prendre pour des ennemis, nous qui attendons le débarquement depuis bientôt cinq ans ? Il est fou, ce soldat. Personne ne bouge. Un lourd silence s'est établi dans la cuisine, troublé seulement par le bruit incessant des avions qui passent et par le tic-tac obsédant de l'horloge.

Le premier à rompre la glace, c'est petit Claude. La vérité sort de la bouche des enfants. Tranquillement, les mains tendues vers la mitraillette, il marche vers le soldat et lui dit en souriant :

— Amis, monsieur, nous sommes de vrais amis.

Le militaire abaisse le canon de son arme et caresse les cheveux blonds du petit garçon. Penché sur lui, il demande :

— Amis, vraiment, *baby* ?

Une fois de plus, l'innocence a vaincu la méfiance. Tout danger est écarté, nous ne mourrons pas ce soir. Suivant l'exemple de mon petit frère, je m'approche à mon tour du soldat et, profitant de sa position, je l'embrasse très fort sur sa joue toute noire. Cette marque imprévue d'affection, d'emblée, le met à l'aise. L'atmosphère se détend, tout le monde respire. Mes parents qui, plus morts que vifs, s'appuyaient contre la cheminée, au fond de la pièce, s'approchent eux aussi. Alors, sans perdre une seconde, avec des gestes précis et nets, le soldat sort de sa poche d'uniforme une carte d'état-major, la déplie et l'étale sur la table. Puis il demande d'une voix calme où perce à présent une pointe d'accent, peut-être canadien :

— Où se trouvent les Allemands ?

C'est la première fois que le père voit une carte d'état-major. Mais il n'a ni le temps ni l'envie d'être impressionné. Il se penche sur la table puis relève la tête vers le soldat.

— Où est ma maison, sur cette carte ?

L'Américain désigne du doigt un petit rectangle noir.

— Ici.

Alors, avec un petit crayon gras que lui prête le militaire, père souligne quelques endroits.

— Les Allemands sont ici, au château d'Amfreville, à un kilomètre cinq cents. Ici, au Port-de-Neuville, à un kilomètre cinq cents. Ici, à la gare de Fresville, à deux kilomètres. Ici, au château de La Fière, à deux kilomètres.

— Nous sommes encerclés, conclut le soldat.

Interloqué, Papa Maurice le dévisage.

— Comment ça, « nous » ? Vous n'êtes pas seul ?

— Non, il y a des parachutistes partout aux alentours.

Très pâle, maman s'avance vers l'Américain.

— Vous voulez dire, monsieur, que vos camarades vont être parachutés ici ?

— Oui madame. Le parachutage est en cours.

Affolée, elle s'écrie :

— Mais c'est impossible ! Il faut empêcher cela ! Ils vont tous se noyer !

— Se noyer ? Pourquoi ?

— Venez voir, mon garçon.

Tirant le soldat par la manche de son uniforme, maman l'entraîne dehors, jusqu'à la barrière du Petit Marais, et montre l'eau qui clapote à leurs pieds. La gorge serrée, elle ne peut que répéter :

— Oh monsieur, je vous en prie, empêchez cela ! Ils vont tous mourir, s'ils tombent ici.

— Quelle profondeur d'eau avez-vous ? demande l'Américain en regagnant l'intérieur de la maison.

C'est papa qui répond.

— Entre un mètre cinquante et un mètre quatre-vingts dans le marais. Ça, encore, ce n'est pas trop grave. Mais il y a la rivière, et ça, c'est terrible.

Le soldat réfléchit un instant. Les avions passent et repassent au-dessus du 104 dans un fracas assourdissant, de grandes corolles de soie flottent entre ciel et eau. Des dizaines, des centaines de pauvres garçons vont périr là, noyés sous nos yeux. Attirés vers les hautes terres à sec, ils vont aller se jeter dans le lit de la rivière traîtreusement dissimulé sous l'étale des eaux. Ce piège mortel imaginé par les Allemands va fonctionner à merveille. À moins que...

Chacun de nous se rend compte qu'il doit agir vite, très vite. Si les soldats sont de grande taille et si leur équipement ne les empêche pas de se relever après leur chute, ils pourront peut-être sortir de ce guêpier, mais à une seule condition : nous devons les guider vers nous, vers la ligne de chemin de fer, seul endroit où ils seront en sécurité, du moins pour le moment. S'ils marchent vers l'est, vers les hautes terres à sec, ils sont irrémédiablement perdus. Ils vont tomber dans la rivière profonde de cinq à six mètres, plus même, à certains endroits. Même en plein jour, on ne voit pas la différence de niveau entre les eaux du marais et le lit du Merderet.

Sans échanger un mot, sans nous être concertés, mus par cet esprit collectif qui caractérise les gens solitaires, habitués à deviner les pensées des autres, nous nous assignons immédiatement une tâche bien précise. Papa fait signe à Gaby, le jeune homme qu'il a entraîné tout à l'heure hors de la guérite où s'entassaient les gardes du pont, de l'aider à mettre son bateau à l'eau. Sous le regard étonné du soldat, ils le poussent jusqu'au bord du Petit Marais. Père demande :

— Comment dit-on, dans votre langue : « Venez ici, les gars » ?

Stupéfait, l'Américain répond :

— *Come here, boys.*

Pour bien faire entrer cette phrase dans son crâne, père répète : *Come here, boys, come here boys*, et part avec sa barque sur le marais. Maman, elle, a chargé une lampe à carbure. Elle règle la flamme au plus haut, grimpe sur la vieille barrière et agite sa petite lampe, espérant être aperçue des soldats.

Sans que personne me le demande, je cours au cellier y choisir deux fagots de bois très sec. Je les porte à l'intérieur du 104, en laissant tomber un devant la cheminée de la cuisine et l'autre devant la cheminée de la chambre. Comme toutes les choses de la nature, le feu est mon ami et je compte tout naturellement sur lui pour nous aider à sauver les soldats. D'abord la chambre. Au lieu de déposer les fagots à plat dans l'âtre comme on le fait habituellement, j'enfonce l'un d'eux debout dans le conduit de la cheminée. Et j'y mets le feu. Le résultat ne se fait pas attendre : le bois très sec flambe d'un seul coup. La suie qui tapisse l'intérieur des conduits de fumée s'embrase à son tour. Bientôt de longues flammes s'échappent par-dessus le toit. Un beau feu de cheminée. On doit le voir à des kilomètres à la ronde.

Maman a deviné ce que je suis en train de faire. Laissant sa lampe sur la barrière, ravie, elle court me rejoindre dans la chambre.

— Quelle bonne idée tu as eue là, ma fille. Mais il faut allumer les deux cheminées.

— Je sais bien. Mais l'autre fagot est trop gros. Je n'arrive pas à l'introduire dans le conduit de la cuisine.

— Tu vas voir.

D'un geste brusque, elle arrache la ceinture de ma chemise de nuit et serre très fort l'extrémité de mon fagot avec ce lien improvisé ; cette fois, le fagot pénètre sans difficulté dans le conduit. Aussitôt, la suie prend feu. À présent les deux cheminées fonctionnent et projettent vers le ciel des flammes longues et vives. Je monte sur la voie ferrée et je regarde autour de moi. Même si je vis cent ans, je n'oublierai jamais le spectacle grandiose, inouï, insolite, qui s'offre à mes yeux. Les avions passent et repassent à basse altitude, des dizaines et des dizaines de parachutes se balancent doucement au-dessus des marais. Vomissant leurs énormes flammes, les deux cheminées ressemblent à des torches gigantesques qu'un géant tiendrait à bout de bras. Ces torches, personne ne pourrait ne pas les voir, même à des kilomètres. Le piège tendu par les Allemands ne fonctionnera pas. Les soldats vont apercevoir la maison surélevée et venir vers elle. De quelque côté qu'ils soient, ils vont échapper aux dangers qui les guettent. Ils n'iront pas vers la rivière. Et le père, avec sa barque, va explorer les coins les plus dangereux pour ramener vers nous ceux qui risquent de se noyer dans les parties les plus profondes. Bien sûr, ceux qui tombent dans le Grand Marais n'ont rien à craindre. Ils auront pied. Oui, mais le Grand Marais donne sur le château d'Amfreville ; et là se trouve une place forte allemande. En se dirigeant vers notre maison, les soldats s'éloigneront des mitrailleuses qui les guettent. Il en sera de même pour ceux qui tomberont du côté de Fresville : en se dirigeant vers notre maison, ils échapperont à une autre garnison allemande. Au 104, tous ces hommes fourbus pourront se sécher, se grouper, s'organiser. L'inondation des marais, ce traquenard diabolique imaginé par les Allemands, va se retourner contre eux. Les Allemands, pour atteindre le 104, n'ont que deux chemins : la voie ferrée, en partant de Fresville, ou en partant du 103 : chemins bien trop exposés, depuis quelques minutes, pour qu'ils se hasardent jusqu'ici.

Le soldat américain entre dans la cuisine et demande quelque chose à maman. D'où je suis, ne me lassant pas d'admirer le spectacle, je ne comprends pas ce qu'il dit.

Il revient bientôt et m'enveloppe les épaules avec une couverture. Je le remercie d'un sourire radieux. Je suis heureuse, heureuse comme il n'est pas possible de l'être. Les flammes qui s'échappent toujours des deux cheminées sont tellement hautes qu'on y voit tout autour comme en plein jour. Un poète français a un jour posé cette question : « Objets inanimés, avez-vous donc une âme ? » Eh bien, cette nuit, je connais la réponse : oui, ma maison d'enfance a une âme ; une âme palpitante, chaleureuse, maternelle. En cet instant, notre humble maison est belle d'une beauté incomparable. Son toit encore luisant de pluie brille sous l'éclat des flammes et chacune de ses briques, chacune de ses ardoises vibre d'émotion à l'idée qu'on pourrait ne pas l'apercevoir. Il faut, et elle veut que les petits gars en grand danger de se noyer la voient, la regardent, la reconnaissent. Il faut qu'ils aient le désir de venir vers elle. Elle seule, en cette nuit terrible, peut être pour eux l'étape, le nid chaud et accueillant où ils pourront se réchauffer et reprendre des forces. Ma chère maison, peut-être, au cours de ta longue existence, t'es-tu demandé pourquoi les hommes qui t'avaient construite t'avaient vouée à une si grande solitude ? Peut-être as-tu souffert de ton isolement ? Sans doute as-tu regretté de n'avoir comme lumière intérieure qu'une humble lampe à pétrole. Sans doute enviais-tu les autres maisons, les maisons des villes remplies du rire des enfants qui, en appuyant sur un petit bouton, les illuminent tout entières. Cette nuit, ma maison, tu as ta revanche. Tu brilles de tous tes feux. Tes cheminées solides et bien encrassées vont te permettre de tenir jusqu'au matin ton rôle de flambeau d'amour. Tu vas pouvoir vivre, seconde par seconde, *ta nuit,* celle pour qui, sans le savoir, les hommes t'ont construite en cet endroit perdu. Sois fière, ma maison. Hier, des hommes t'ont bâtie, demain, d'autres hommes te détruiront ; mais, en dispersant tes pierres, ils ne pourront pas t'enlever ta gloire, ton bonheur d'être là, cette nuit, pour recueillir en toute simplicité dans tes flancs maternels ceux que Dieu vient de te confier.

Le soldat américain s'approche de moi, me montre du doigt un parachute resté accroché à un poteau téléphonique, sur la voie, et me dit en souriant :

— C'est avec celui-là que je suis arrivé.

La large toile est accrochée en haut des fils. Le soldat a dû atterrir sur la piste sans trop de mal, car les longues sangles traînent sur le sol. Un atterrissage pas trop mauvais, en somme.

— S'il vous plaît, monsieur, j'ai besoin de votre aide. Tout à l'heure, vos amis vont arriver. Je voudrais bien leur dire quelques mots de bienvenue. Ils ne doivent pas tous parler le français aussi bien que vous.

— Non, bien sûr, très peu d'Américains parlent français.

— Il faudra que je leur parle dans votre langue. Vous voulez bien m'apprendre quelques mots ?

— Que voulez-vous leur dire ?

— Je ne sais pas, au juste. Par exemple, que mon nom est Geneviève, que je suis heureuse de les voir arriver, comment ils vont après leur parachutage dans l'eau, que j'ai mis du lait à chauffer, que, s'ils en ont envie, ils peuvent venir en boire un grand bol dans ma maison, qu'ils peuvent aussi se sécher...

Montrant les hautes flammes qui dansent au-dessus des cheminées, j'ajoute :

— Je voudrais aussi leur dire qu'il fait bon chez moi, que...

— Oh, là là, vous voulez leur en dire, des choses en si peu de temps ! C'est trop. Bon, je résume, Dgenevi (il ne prononce pas « Geneviève » comme chez nous). Pour votre prénom, vous direz : *My name is Dgenevi.* Répétez.

— *My name is Dgenevi.*

— Bien. Vous pouvez ajouter : *How are you*, ce qui veut dire : « Comment allez-vous ? » Répétez.

— *My name is Dgenevi, how are you ?*

— Très bien. Que voulez-vous savoir encore ?

— Comment dit-on « chers amis ? »

— *Dear friends.* Avant de dire votre nom, vous pouvez aussi commencer par : *Hello boys !*

J'ai à peine le temps de répéter ce que vient de m'apprendre mon gentil professeur qu'un raclement que j'identifie tout de suite m'avertit que le père est de retour avec son premier chargement de soldats. Aux abords des barrières, le sol a jadis été empierré et rehaussé pour faciliter la traversée des voies aux charrettes chargées de foin : c'est le frottement du fond de la petite barque contre ce sol empierré qui m'avertit du retour de Papa Maurice.

Pour occuper moins de place, les parachutistes se tiennent debout dans le petit bateau au coude à coude, tassés les uns contre les autres. Ils sont si nombreux et si serrés que si je lançais sur leur groupe compact une des petites billes avec lesquelles mon frère aime s'amuser, elle n'atteindrait même pas leurs pieds. Le bateau de Papa Maurice n'a pas besoin de beaucoup d'eau pour naviguer. Son fond plat lui permet de se faufiler partout. Mais, surchargé comme il l'est en ce moment, il peine, et Papa Maurice a bien du mal à franchir les derniers mètres qui le séparent de l'entrée de la cour. Plusieurs soldats sautent alors dans l'eau, très peu profonde à cet endroit, et poussent l'embarcation à la main. Fière de mon savoir tout neuf, j'interpelle les arrivants :

— *Hello boys, my name is Dgenevi, how are you ?*

Quelques-uns me répondent :

— *Very well, Dgenevi, very well !*

La conversation s'engage entre les nouveaux venus et mon professeur. Je conduis ceux qui veulent bien me suivre dans la cuisine.

Notre maison a une particularité bizarre : elle penche, elle penche même beaucoup. Creusées sur ce terrain marécageux, les fondations se sont affaissées et enfoncées dans le sol, mais d'un seul côté. Ce défaut nous oblige à mettre des cales sous les pieds des meubles. Pour la première fois, maman se réjouit de cette pente accidentelle. L'eau qui dégouline des vêtements des parachutistes ne nous posera pas de problèmes : il nous suffit d'ouvrir la bonde d'évacuation prévue au fond de la cuisine, du côté le plus bas, pour que toute cette eau disparaisse et retourne en rigole dans les marais d'où elle vient. Ceux qui, à partir de cet instant, vont devenir et resteront pour toujours *nos* soldats, se secouent comme de jeunes chiens qu'on aurait jetés à l'eau contre leur gré. Tant bien que mal, ils essorent leurs vêtements trempés. L'eau s'écoule paisiblement, en suivant la pente naturelle du sol de la cuisine. Maman a maintenu au chaud une énorme marmite de lait. Jamais le lait de Blanchette n'aura été autant apprécié qu'en cette nuit du 5 au 6 juin 1944. Chaque soldat possède un récipient métallique de la contenance d'un bol. Je sers une tournée générale de lait brûlant, tout en admirant l'invraisemblable attirail que trimbalent avec eux nos invités inattendus. Le poignard fixé contre leur cuisse m'impressionne autant que le pistolet mitrailleur à crosse creuse qui se balance contre leur poitrine. Un incroyable barda, devant et derrière, les fait ressembler au petit bonhomme Michelin. Des multiples poches de leurs bizarres uniformes, ils sortent tout un tas de produits non moins bizarres : chocolat et café solubles qu'ils s'empressent de mélanger au lait que je viens de leur servir. Ils m'offrent en échange une avalanche de chocolat en tablettes. Ah qu'il est bon, ce chocolat ! Nous en avons été tellement privés pendant cette sale guerre que j'en avais totalement oublié le goût...

En dépit de leur bain forcé, les parachutistes ont tous le visage noir. Ma première réaction m'avait fait penser : « Dieu qu'ils sont sales ! » Je me rends compte à présent qu'ils se sont barbouillés de la sorte pour être moins visibles dans l'obscurité.

Le feu qui ronfle dans les deux cheminées dégage une chaleur telle qu'ils vont pouvoir se sécher en un temps record. En retournant une de ses poches, un jeune soldat fait tomber sur le sol de la cuisine un tout petit poisson. Les rires fusent de toutes parts. Tout le monde se met à quatre pattes pour essayer de récupérer la petite bête frétillante. Finalement, un soldat plus habile que les autres parvient à s'en saisir et montre à bout de bras sa pitoyable capture. Le poisson se contorsionne de plus belle, les rires redoublent. J'interviens et je demande au soldat de me donner le pauvre animal. Hélas, celui-là ne comprend pas un traître mot de français et mon interprète s'est momentanément éloigné de la maison. Je tire alors le soldat par la manche et je lui dis simplement : *Please.*

Ce mot-là, je l'ai entendu plusieurs fois. Je sais qu'il veut dire : « S'il vous plaît. » J'ajoute les deux mots que le père répétait en s'éloignant dans sa barque : *Come here.*

Le soldat comprend. Docilement, il me suit à l'extérieur et, ensemble, nous remettons le petit poisson au bord de l'asphyxie dans un fossé en eau profonde ;

pauvre petit gardon, il n'a rien compris à ce qui lui arrivait. Et ce n'est pas de sa faute s'il s'est glissé par mégarde dans la poche d'un grand gaillard tombé du ciel. Mais il a eu du succès. Dans la cuisine, les soldats s'amusent à qui mieux mieux à retourner leurs poches, espérant y trouver d'autres poissons. Pas de poisson. Les parachutistes sont presque déçus. Soudain, l'un d'eux découvre dans le repli intérieur de son casque une minuscule grenouille verte, paralysée d'effroi. De nouveau les rires fusent de toutes parts. Les soldats commencent à jouer avec elle : ils se l'envoient, se la renvoient. De nouveau, j'interviens. Je demande au « soldat au poisson » de faire cesser le martyre de la malheureuse bestiole. Là encore, il comprend. Il entraîne son camarade vers le fossé et la petite grenouille, plus morte que vive, retrouve avec soulagement son élément liquide.

Le père revient avec un nouveau chargement de soldats, aussi trempés que les premiers. Je sers une nouvelle tournée de lait bien chaud. Notre provision baisse à vue d'œil. Les douze litres de la traite d'hier matin et les litres de celle d'avant-hier ne seront bientôt plus qu'un souvenir. Mais il reste la vieille poule, qui mijote toujours sur un lit de braises. Le pot-au-feu dans lequel elle cuit doucement depuis plusieurs heures contient environ quinze litres d'un bouillon gras et appétissant. Maman ajoute de l'eau jusqu'à ras bord et la cuisson se poursuit : la poule était bien grasse, le bouillon sera excellent. Servi très chaud, il réchauffera de l'intérieur les parachutistes que Papa Maurice ramène de son troisième voyage.

Je monte dans ma chambre, je m'habille et me chausse à tâtons. Par la fenêtre qui donne sur le Petit Marais, j'aperçois la petite lumière tremblotante de la lampe à carbure que le père a accrochée à l'avant de sa barque. Il me vient alors une idée presque saugrenue : surmontant ma timidité et la peur que m'inspire Papa Maurice, je me précipite à la barrière et je le prends par la main. En temps normal, jamais je n'aurais eu un tel geste. Mais, ce soir, tout est tellement exceptionnel ! Je l'entraîne dans la cuisine et je lui sers un grand bol de bouillon agrémenté d'une cuillerée de crème fraîche dont il est si friand. Il me regarde en silence, sans comprendre. Mon geste l'étonne. Cette nuit, tout a changé : je ne suis plus la petite fille qui, terrorisée, rampe devant lui. Je suis une grande fille, presque une adulte, qui vient de découvrir sa véritable vocation : servir, servir les autres, qu'ils soient bons ou méchants, riches ou pauvres. Mon père, harassé, titube. Je le regarde surprise de voir ses traits tirés et ses yeux agrandis par la fatigue. Je sais par expérience combien la petite barque est lourde à manœuvrer lorsqu'elle est trop chargée. Il m'arrive souvent d'aller à la Bergerie à travers le Petit Marais et de revenir avec le bateau rempli de légumes du jardin, du lait de Blanchette et de bûches pour le feu. Si le voyage aller, avec la barque vide et le courant descendant, est toujours un plaisir, le chemin du retour, lui, est bien pénible. Il faut faire de grands efforts pour lutter contre le courant. Mais, d'ordinaire, le père ne peine pas trop. Il est fort et n'a nul besoin de réconfort. Aujourd'hui, ce n'est pas du tout pareil. Rien n'est pareil. Je suis bien contente d'avoir osé entraîner Papa Maurice dans la cuisine. Quelques minutes de repos et un bon bouillon bien chaud vont lui permettre de reprendre sa tâche de sauveteur avec plus d'entrain.

Un choc sourd, suivi d'un bruit de chute sur le toit, nous fait sursauter. D'émotion, père laisse tomber son bol qui roule sur le sol de la cuisine. Il échange avec maman un bref regard chargé d'angoisse. Sans dire un mot, tous deux se précipitent vers l'arrière de la maison. Le jeune soldat qui vient de tomber là-haut s'est probablement assommé en heurtant le toit. Il va se noyer sans même s'en rendre compte. Mes parents savent d'instinct qu'ils ne disposent que de quelques secondes pour le sortir de l'eau. La pente du toit et la déclivité accidentelle de cette maison qui penche ont dû entraîner le parachutiste vers le fossé aux eaux profondes qui longe l'arrière de la maison.

C'est un pauvre petit gars trempé jusqu'aux os, abruti par le choc et complètement inerte que mes parents rapportent dans leurs bras. Les soldats s'écartent. Maman cale le garçon inconscient sur une chaise, devant la cheminée. Elle lui ôte une partie de ses vêtements, ses chaussures, et le frictionne énergiquement avec son mélange d'eau de Cologne et de calvados. En tombant, le malheureux a perdu son casque. Il ne semble souffrir d'aucune fracture ; pourtant il ne réagit pas. Maman essaie sans succès de le faire parler. Les yeux du soldat ont toutes les peines du monde à rester ouverts. Rien ne pourra le sortir de cet état semi-comateux.

Je tends à papa un autre bol de bouillon pour remplacer celui qu'il a renversé. Silencieusement, il fait « non » de la tête et repart dans la nuit à la recherche de ses enfants perdus. Il n'est pas resté plus de cinq minutes à la maison.

De partout arrivent des soldats isolés : du Grand Marais, d'abord, où les eaux sont les plus basses, puis de la ligne de chemin de fer. Ceux qui ne sont pas mouillés refusent gentiment d'entrer dans la maison, laissant à leurs camarades trempés le privilège d'envahir les pièces surchauffées du 104. Je leur offre quand même, sur le seuil de la porte et dans la cour, le bol de bouillon brûlant auquel tous font honneur.

La chambre et la cuisine sont à présent pleines de soldats, si nombreux, si serrés, que je peux à peine me faufiler entre eux. Et pourtant je ne suis pas bien grosse ! Papa en ramène toujours. Il y a déjà bien longtemps que je n'ai plus de lait. Quant au bouillon de poule, il commence à diminuer sérieusement. Plus la nuit avance, plus la température extérieure fraîchit, plus nos soldats ont besoin de chaleur supplémentaire. Maman fait bouillir une grande quantité d'eau ; avec les petites doses de café soluble et de poudre de lait dont ils ont bourré leurs poches, les Américains pourront quand même déguster une boisson chaude. Ils ne savent qu'inventer pour nous faire plaisir : ils rient, se bousculent, et m'offrent, suprême gâterie, du chocolat, encore du chocolat. Ils mastiquent sans arrêt, comme des ruminants. Ils me montrent de petites tablettes sur lesquelles je lis les mots « chewing-gum ». En dépit de ma curiosité, je n'ose y goûter. J'ai beau être gourmande, je reste prudente, et cette gomme bizarre ne me dit rien qui vaille.

Mon professeur vient avertir les parachutistes qu'ils partiront à l'attaque à six heures. Les soldats sont si nombreux qu'il n'arrive pas à entrer. Il n'y a plus une seule place de libre.

Coincée contre la porte, je prends soudain conscience que, dans l'émotion qui a suivi le parachutage, mes parents ont oublié quelque chose : quelque chose qui, d'un seul coup, me paraît capital. Tant bien que mal, je réussis à m'extirper de la cuisine et je cours sur la voie ferrée pour rattrapper mon professeur. Je lui crie à tue-tête :

— Monsieur, monsieur !

L'homme se retourne et me reconnaît.

— Qu'y a-t-il, Dgenevi ?

— Mes parents ont oublié de vous dire quelque chose d'important. Enfin, qui me paraît important... À l'entrée du Grand Marais, il y a un mirador.

— Un mirador ? Qu'est-ce que c'est ?

— Je ne sais pas trop comment vous expliquer... Voyons, c'est un poste d'observation perché tout en haut d'un grand arbre. En haut du mirador, il y a toujours un soldat allemand de garde. Si vous ne vous cachez pas, dès qu'il fera jour, il vous verra. Il n'y a ni arbres ni buissons pour vous dissimuler, mais seulement une grande étendue d'eau à perte de vue. Si vous voulez prendre le château d'Amfreville, il faut le faire maintenant, cette nuit. Il existe à travers le marais un passage surélevé dont la hauteur d'eau ne dépasse pas cinquante centimètres. Je peux vous y conduire. Ce chemin est sinueux et je le connais bien. Qu'en pensez-vous ?

— Rien pour le moment.

— Faites bien attention, ils sont méchants les Allemands.

L'homme sourit de ma remarque. Il le sait bien, lui, que les Allemands ne sont pas des enfants de chœur.

— Dites-moi, Dgenevi, la seule issue possible, pour mes hommes, c'est la voie de chemin de fer, n'est-ce pas ?

— Oui monsieur, mais pas dans n'importe quel sens. Il ne faut pas que vous alliez vers Fresville. Il y a là-bas autant d'Allemands qu'à Amfreville. Il faut que vous alliez vers La Fière. Là, il y a des arbres et des prés qui ne sont pas inondés. Vous pourrez vous cacher et surprendre les Allemands. Ici, c'est impossible.

Du doigt, je lui indique la bonne direction. Grâce à nos feux de cheminée, la nuit, autour de nous, est toujours aussi claire. La voie file vers l'horizon, déserte et menaçante. Aucun train en vue. Depuis quelque temps, il n'en passait déjà pas beaucoup. Cette nuit-là, il n'y en aura pas. La Résistance s'en est sans doute occupée.

— Comment s'appelle votre père, Dgenevi ?

— Papa Maurice, pourquoi ?

Sans répondre à ma question, mon ami venu du ciel m'entraîne vers la barrière du Petit Marais. Les mains en porte-voix, il crie : « Papa Maurice, *come here*, Papa Maurice, *come here !* »

De loin, la réponse nous parvient :

— J'arrive, j'arrive.

Mon professeur interprète a passé ses bras autour de mes épaules. Appuyés contre la barrière, pauvre barrière dérisoire qui ne sert plus à rien depuis longtemps, nous regardons l'étonnant spectacle qui s'offre à nos yeux. Les parachutages continuent, mais cette fois un peu plus loin, au-dessus des prés de la Bergerie. Les avions font un ou deux passages au-dessus de notre 104. Un soldat équipé d'un appareil curieux parle avec les pilotes des avions. Ainsi, les nouveaux parachutés ne tomberont pas dans l'eau. L'homme leur indique une zone plus propice, à environ deux kilomètres à l'intérieur des hautes terres, de l'autre côté du Merderet.

Les moteurs qui grondent et qui mugissent font battre mon cœur plus vite. J'envie le sort des pilotes qui ont la chance de conduire d'aussi beaux avions. Je le dis à mon professeur. Je lui avoue à quel point j'aime les avions, combien j'espère, un jour, pouvoir piloter. L'officier glisse sa main dans mes longs cheveux et attire ma tête contre sa poitrine. Je savoure seconde par seconde la nuit exceptionnelle que je suis en train de vivre. Quand je pense qu'en le voyant, j'avais pris cet homme pour un ennemi ! Nos soldats vont tous être sauvés. Je le crois fermement. Ils vont tous venir se sécher et se réconforter chez nous. La petite fille que je suis sait par expérience que, si hier ne nous appartient plus, demain ne sera pas forcément nôtre. Alors autant vivre le moment présent dans toute son intensité. Une joie immense, soudain, me dilate le cœur. Et je me mets à chanter. Cette nuit, elle n'est plus interdite, ma chanson. Mon professeur me dit en souriant.

— Elle est bien jolie, votre chanson, Dgenevi, et tellement de circonstance.

— Dgenevi... J'ai toujours aimé mon prénom. Mais, prononcé de cette façon, il me paraît encore plus beau. Dgenevi, Dgenevi : je le répète pour le plaisir, les bras levés au ciel, vers ces avions que j'aime tant et qui passent en grondant. L'officier rit de cette soudaine exubérance.

Les flammes qui sortent des cheminées éclairent les abords des marais et nous permettent d'apercevoir la petite barque qui, une fois de plus, revient vers nous.

Cette fois, elle n'est pas tout à fait pleine. Ou le père s'est dépêché pour répondre à l'appel de l'officier, ou bien il n'y a plus de soldats dans le Petit Marais.

— Papa Maurice, vous pouvez me montrer le mirador le plus proche ?

— Je peux faire mieux, monsieur, je peux vous y

conduire. Je crois que j'ai ramené tous les soldats du Petit Marais. Il n'y en a plus. Tout s'est bien passé. Vos garçons en sont quittes pour un bain.

Papa Maurice a raison, ils s'en tirent à bon compte. Un bain forcé n'a jamais fait mourir personne. Je pense un instant à ma pêche aux œufs. Jamais plus je n'y retournerai. La guerre est finie ; la triste, la sale guerre est finie ! Dès que je pourrai, j'irai dans les marais annoncer cette bonne nouvelle à M. Canard.

Je ne sais pas à quel point je me trompe : la guerre est loin de se terminer, bien au contraire, ici, elle n'est même pas commencée.

Les deux hommes ont traversé les voies. Ils parlent, appuyés contre la barrière du Grand Marais. Le père pointe le doigt en direction du château d'Amfreville.

— Le mirador le plus proche est à environ deux kilomètres d'ici. Il faut trois quarts d'heure pour l'atteindre en bateau. Il y en a un autre au château de La Fière. Celui-là, nous pouvons l'avoir sans difficultés par la voie et les chemins non inondés. C'est facile : à part le garde du château, il n'y a pas d'Allemands. Qu'est-ce que vous comptez faire ?

— Nous allons partir d'ici plus tôt que prévu. Votre fille m'a dit qu'il n'y avait pas un seul endroit, dans les environs immédiats, où nous pourrions nous dissimuler. De nuit, bien sûr, on ne peut pas se faire une idée. Mais je crois, effectivement, que La Fière est plus sûr. Qu'en pensez-vous, Papa Maurice ?

— Vous êtes très à découvert, ici. À La Fière, ce ne sera pas la même chose. Je connais la région comme ma poche. Si vous voulez, je peux vous guider, vous et vos hommes.

— Non, Papa Maurice. Allez vous reposer. Vous en avez assez fait pour cette nuit.

— Vous savez, monsieur, j'ai un vieux compte à régler avec l'occupant. Si vous m'emmenez, c'est d'abord à moi que vous ferez plaisir. Alors si, en plus, je peux être utile...

Sans répondre, l'officier donne une tape amicale dans le dos de mon père qui semble brusquement se souvenir de quelque chose.

— J'y pense, monsieur. Les boches nous ont fait creuser des trous pour y installer des mitrailleuses. Nous ne nous sommes pas pressés, je vous prie de le croire. Et les trous sont restés vides. Je vais vous montrer où ils sont. Vous pourrez y installer vos propres armes. Avouez que ce serait une bonne blague à faire aux Allemands.

— Entendu, Papa Maurice, je vous emmène.

L'officier revient sur le seuil de la porte et dit quelques mots aux hommes entassés dans la maison. Aussitôt, les uns après les autres, et *en silence,* les parachutistes vont se ranger sur la voie ferrée.

L'officier veut récupérer le malheureux soldat tombé sur le toit. Maman s'interpose avec énergie :

— Non monsieur, celui-là est trop mal en point. Je le garde. Je le soignerai bien et dès qu'il ira mieux, je vous le renverrai. Regardez-le, il ne tient même pas sur ses jambes.

— Désolé, maman Maurice. Il doit venir avec nous.

— Soyez raisonnable, monsieur. Il n'est pas capable de tenir un fusil. Il va se faire tuer sans avoir pu se défendre.

La voix de ma petite mère se fait suppliante.

— Je vous en prie, laissez-moi ce pauvre gosse un jour ou deux.

Sans lui répondre, l'officier fait signe à deux soldats qui prennent le parachutiste à moitié inconscient chacun par un bras et l'entraînent vers la troupe. Maman court après eux et enfonce sur la tête du pauvre jeune homme un bonnet de laine. Elle soupire.

— J'ai cherché partout, mon petit. Mais je n'ai pas pu retrouver ton casque. Tant pis. Garde le bonnet. S'il ne te protège pas des balles, il te protègera au moins du froid.

Me faufilant au milieu de la colonne par quatre qui occupe les deux voies ferrées, je la remonte jusqu'au bout. Les soldats sourient dans l'obscurité, laissant voir leurs belles dents blanches. Le spectacle d'une gamine qui les passe ainsi en revue doit les amuser. Pas un ne dit un mot. Ce silence m'impressionne plus que tout le reste. Je remonte la colonne et me retrouve près de maman.

Les Américains s'en vont. Nous les regardons partir, le cœur gros. Je ne puis détacher mon regard de la longue file qui s'éloigne en silence. Nos soldats, nos soldats chéris, quand les reverrai-je ? Et les reverrai-je un jour ? La nuit les dissimule bientôt à mes yeux pourtant accoutumés à l'obscurité. La maison est vide, tout d'un coup, vide et affreusement silencieuse. La vieille horloge sonne trois heures quarante-cinq. Il y a tout juste cinq heures, le premier parachutiste franchissait brutalement le seuil de notre maison. Cinq heures inoubliables, vécues avec une extraordinaire intensité, seconde par seconde. Cinq heures dont je me souviendrai toute ma vie.

Fatigué, petit Claude s'est glissé près de Gaby, dans le lit de maman. Ils se sont endormis. J'aide ma petite mère à remettre un peu d'ordre dans la cuisine. Les parachutistes ont laissé une énorme provision de bonbons, de chocolat et de cigarettes. On en trouve partout : sur les appuis des fenêtres, sur la corniche du buffet, sur les étagères, sur les rebords des cheminées. À quoi bon toutes ces douceurs, maintenant qu'« ils » ne sont plus là pour les partager avec nous ? Une tristesse infinie nous serre la poitrine. Pour eux, nos libérateurs, la guerre va bientôt commencer. J'en ai froid jusqu'au fond de l'âme. De la guerre, je ne sais rien, ou presque. Jamais je n'ai vu autant de parachutistes, autant d'avions, un tel déploiement de forces. Les Alliés n'étaient pour moi, jusqu'à aujourd'hui, qu'un espoir lointain, quelques points sombres dans le ciel, un bruit de moteur. Et, de toute la guerre, jusqu'à aujourd'hui, je n'ai rencontré qu'un seul des leurs. Et encore ! Il n'était même pas en uniforme.

C'était un soir de 1943, en automne. Nous habitions

alors la Bergerie. Je revenais de Sainte-Mère-Église, où j'avais été faire des courses pour maman. Il était un peu plus de vingt heures, heure du couvre-feu, et je n'avais pas d'*ausweiss*. J'avais donc pris à travers champs un raccourci qui m'amènerait directement à la Bergerie sans risquer de tomber sur une patrouille allemande.

Près de la ferme de la Couture (« quel drôle de nom pour une ferme », me disais-je) je vis, en bordure d'un fossé, un homme accroupi qui me tournait le dos.

Vêtu d'une veste grise, d'un pantalon rapiécé à rayures et d'une paire de sabots, il avait l'air très occupé. Je pensai tout d'abord : « Encore un braconnier qui cache un de ses pièges. » Habituée à marcher sans faire de bruit pour ne pas effrayer les petits animaux que j'adorais surprendre dans leur vie quotidienne, je m'approchai de lui. Il ne m'entendit pas. Me penchant à son oreille, je lui dis tout bas :

— Chut, vous faites trop de bruit. La ferme est habitée.

L'homme se retourna brusquement. Dans sa main il tenait un gros objet métallique : un revolver, qu'il pointait sur moi.

Je restai quelques secondes interdite, sans pouvoir bouger. Enfin, voyant à qui il avait affaire, l'homme me dit à voix basse, en français.

— Qu'est-ce que tu fais dehors, à une heure pareille ?

Tout bas, moi aussi, je répondis :

— Je rentre chez moi. Je reviens de Sainte-Mère-Église. J'ai pris un raccourci parce qu'il est tard.

Je lui montrai le revolver.

— Je ne dirai rien, vous savez.

L'homme sourit et remit l'arme dans sa poche. Puis il me dit : « Viens m'aider. » Je l'aidai à amasser des feuilles mortes et de la terre sur ce qu'il était en train d'enterrer. J'aurais bien aimé lui demander ce qu'il y avait là-dessous. Mais je n'osai pas. J'étais bien trop discrète et il m'aurait paru tout à fait incongru de poser une telle question à une grande personne.

Un curieux bonnet, fait de toile et de cuir, traînait sur le sol. Je le ramassai et demandai à l'homme :

— Vous me le donnez ? En souvenir... Je le cacherai bien.

L'homme hésita un instant. Puis il répondit :

— Si tu te fais prendre avec ça, tu auras de gros ennuis. Ta famille aussi.

Je savais de quels ennuis il voulait parler. Je le rassurai :

— Personne ne le trouvera. Pas même maman.

— Bon. Mais fais attention.

Je pris le bonnet. L'homme me demanda ensuite de lui indiquer la route de Saint-Sauveur-le-Vicomte.

— Par là, lui dis-je.

Et je fis un bout de chemin en sa compagnie. La nuit tombante sentait bon. Nous marchions tous les deux côte à côte, moi avec mes galoches, lui avec ses sabots. J'avais caché le bonnet sous ma chemise. Quiconque nous aurait aperçus aurait pensé : « Voilà un gars du pays et une petite fille qui rentrent chez eux. » Il parlait d'ailleurs avec un accent qui ressemblait tout à fait au nôtre. J'appris des années plus tard qu'il était canadien. En cette nuit d'automne 1943, il me paraissait sublime. Pour moi, il était déjà âgé : vingt ans au moins, mais beau et gentil. Ce qu'il venait faire en Normandie, déguisé en paysan après être tombé du ciel, j'aurais bien voulu le lui demander. Je n'osais pas. D'ailleurs il n'aurait pas répondu. Je le quittai au lieu-dit *La Patte d'oie de Cauquigny*, non loin des marais. Il ne pouvait pas se tromper ; Saint-Sauveur était droit devant lui, à une douzaine de kilomètres. Avant de m'abandonner, il me serra longuement les mains et me dit que j'étais une brave petite fille.

— Pas une petite, monsieur, une grande.

— Oui, une grande fille.

Il sourit, me montrant dans la demi-obscurité de splendides dents blanches. Prise d'une inspiration subite, je m'écriai, sans pour autant élever la voix :

— Comment allez-vous faire, monsieur ? Vous n'avez pas d'*ausweiss*...

Il sourit de nouveau.

— Mes papiers sont en règle.

Et il disparut.

Une fois rentrée à la Bergerie, je m'empressai d'aller dissimuler son bonnet au fond de la grossière toile cousue en forme de sac et remplie de paille coupée qui me servait de sommier et de matelas. Cette toile avait deux ouvertures qui permettaient de remuer la paille de temps à autre et de lui redonner du volume. Je glissai mon trophée par une de ces ouvertures, tout au fond, dans l'épaisseur même de la paille.

Comme promis, je ne parlai à personne de ma curieuse rencontre. Et je m'endormis en pensant à cet homme bizarre qui marchait à présent dans la nuit en sachant très bien où il allait.

Deux jours plus tard, poussée par la curiosité, je repris le même chemin à travers champs. En grattant le sol, à la recherche de ce qui m'avait tant intriguée, je découvris un parachute. Un parachute en tous points semblable à ceux qui, cette nuit, flottent sur nos marais, seule trace visible du passage dans notre pauvre maison de ceux qui vont peut-être mourir.

Nos parachutistes au grand rire sonore, aux yeux rieurs et malicieux, aux mâchoires éternellement en mouvement, comme ils me manquent ! Et comme ils ont été heureux de ne pas atterrir en pays hostile ou indifférent, de trouver sur leur chemin une maison chaude et accueillante, une mère qui les a d'emblée considérés comme ses fils, qui les a séchés, bichonnés, frictionnés, réchauffés. Que vont-ils devenir, nos soldats ? Combien, parmi eux, ne verront jamais plus le soleil se lever ?

Si les Allemands pouvaient se rendre sans combattre !...

Mon Dieu, pourquoi n'avez-vous pas arrêté le cours du

temps ? Ils étaient bien, chez nous, ils auraient pu se reposer encore un peu. Alors que maintenant... Je pleure en pensant à toutes les femmes, les mères, les sœurs, les épouses, les fiancées, qui viennent d'apprendre cette nuit, là-bas, à l'autre bout de la terre, que le jour « J » est commencé. Combien, parmi elles, reverront vivant l'homme pour lequel elles tremblent. Ayez pitié d'eux, mon Dieu, ayez pitié de nous.

Sans faire de bruit, maman est montée dans ma chambre. Elle me prend dans ses bras et me dit :

— Il ne faut pas pleurer. Dors. La journée de demain sera longue. J'aurai besoin d'une Geneviève en forme.

Elle me met au lit, me borde.

— Tu as été merveilleuse. Les soldats n'oublieront pas leur petite Dgenevi.

— Maman, est-ce qu'ils vont mourir ?

— Quelle idée ! La guerre sera bientôt finie. Il paraît que beaucoup de bateaux vont arriver tantôt à Ravenoville et à Sainte-Marie-du-Mont. Ils vont apporter des armes et des milliers de soldats. Nos parachutistes ne sont que des éclaireurs. Ils doivent prendre et tenir les points importants, comme les ponts, les croisements de route, et empêcher les Allemands de se regrouper. Ils ne vont pas être seuls bien longtemps. Avant midi, ils recevront des renforts. Ils ne vont avoir qu'une mauvaise matinée à passer. Qu'est-ce que c'est une matinée ? Et puis les Allemands ne vont peut-être même pas oser montrer le bout du nez.

Sur ces bonnes paroles, elle m'embrasse et redescend au rez-de-chaussée. Je n'ai pas sommeil. Mon inquiétude m'obsède. Bien sûr, le père est avec eux. C'est déjà ça. Il connaît le pays dans ses moindres recoins et il sait exactement où se trouvent les Allemands. Depuis des années, nous avons vécu pratiquement sans éclairage. Aussi pouvons-nous nous diriger sans nous perdre dans la nuit la plus sombre. À ce petit jeu, le père est le plus fort de nous tous. C'est un atout majeur dans la partie qui s'engage cette nuit.

Pour la première fois de ma vie, j'ai hâte de le voir revenir. Il nous donnera sûrement des nouvelles, il nous parlera, nous rassurera. Il nous racontera tout et nous l'écouterons, heureuses, pleines d'admiration. C'est vrai, il a été merveilleux. Un vrai héros. J'ai compris bien des choses, cette nuit, mais la plus importante est qu'un homme peut racheter en quelques heures les erreurs de toute une vie. Oh, je ne me fais pas d'illusions. Papa Maurice se soûlera encore, il me battra encore quand il aura bu. Mais cela n'aura plus la même importance. Ce père si dur, j'essaierai de l'aimer malgré tout, malgré lui.

Les avions continuent à passer par vagues. Les trains, cette nuit, n'ont pas circulé. Si la ligne pouvait déjà être entièrement entre les mains des parachutistes !

Je me tourne et me retourne dans mon lit sans pouvoir m'endormir. Inutile d'insister, je n'y arriverai pas. Tant pis si maman me gronde. Je redescends au rez-de-chaussée. Assise sur une chaise, ma petite mère, elle, s'est endormie, le front appuyé contre le manteau de la cheminée. Dans les conduits, la suie continue à brûler, mais avec moins de virulence. Braves et bonnes petites cheminées.

J'évite de faire du bruit, pour ne pas réveiller maman. Je prends sur la table une tablette de chocolat. Combien en ai-je dévoré cette nuit ? Nos soldats m'en ont tellement gavée ! De ma vie je n'en avais autant mangé. Cette nuit, au milieu des rires et des bousculades, ce chocolat avait vraiment le goût du bonheur. J'en croque un petit bout. Mais ce n'est plus pareil. Je suis seule dans la maison endormie, ils ne sont plus là. Adieu le bonheur. Le chocolat, maintenant, a un goût de tristesse et d'anxiété.

Pour me changer les idées, je vais à la pompe puiser de l'eau. Maman sera contente de boire une tasse de café lorsqu'elle s'éveillera. Gaby et Claude dorment toujours dans le grand lit. Tout le monde dort, sauf « eux ».

Que font-ils ? Où sont-ils ? Pourquoi le père ne revient-il pas ? Où a-t-il conduit nos parachutistes ? Derrière quelle haie, derrière quels buissons les a-t-il placés en embuscade, guettant dans l'obscurité les soldats ennemis qui, eux aussi, les guettent ?

Malgré mon angoisse, je souris en pensant aux fils téléphoniques que maman a coupés cet après-midi. Non, voyons, c'était hier. Aujourd'hui, nous sommes... *le mardi 6 juin 1944*.

Mardi 6 juin 1944

Quelle nuit, mon Dieu, quelle étrange nuit ! Six heures du matin. Le jour se lève à peine, le ciel est toujours aussi gris, aussi bouché. Sur l'eau calme des marais flottent des centaines de parachutes de toutes les couleurs, seule note vive dans ce matin humide. Un bruit de pas sur la piste. Je me précipite. C'est le père qui rentre, seul, la casquette sur les yeux, les jambes enveloppées dans ses bottes de caoutchouc. Toujours pas de train en vue. Papa Maurice marche pourtant du bon côté de la voie, selon son habitude, à main gauche. Il semble un peu excité. D'une voix haletante, je lui demande comment cela s'est passé, là-bas, à La Fière.

— Tout va bien, ma fille. Où est ta mère ?

— Elle dort près du feu. J'ai fait du café. Si tu en veux...

— Oui, bien sûr. Un grand bol.

Il rentre dans la maison, s'assied devant la table. Maman se réveille.

— Où as-tu conduit « nos gosses », Maurice ?

— Ils sont regroupés dans la ferme d'Émile (près du PN 103). Ils ont déjà fait du bon travail. J'ai conduit quelques hommes au château de La Fière. Le boche du mirador n'a même pas eu le temps de tirer. Les parachutistes ont ordre de ne pas faire de prisonniers, du moins le premier jour. Il n'a pas souffert. Les Américains sont maîtres du château. Maurice Salmon est aux anges. On a fêté ça au cidre. Il paraît qu'un général a été parachuté quelque part près de chez maître Leroux : général Gavin, je crois ou quelque chose... Tous les ponts, celui de La Fière, celui de la rivière et celui de la voie ferrée, sont aux mains des Américains. Il y a eu de la casse. Dans la guérite, tous les copains ont été tués. Pour le vieux père Touzé, Garcia l'Espagnol et le fils du chef de district de Valognes, j'en suis sûr : j'ai vu leurs cadavres. Les autres se sont sûrement fait descendre dans les environs, à moins qu'ils n'aient eu la même idée que Gaby et moi. Mais ça m'étonnerait. Les Américains ont vu leurs brassards à croix gammée et hop ! Les imbéciles. S'ils m'avaient écouté, seulement... Le fermier, sa femme et leurs fils ne sont plus chez eux. Envolés, eux aussi. Ils ont dû s'enfuir. Des planeurs sont tombés un peu partout au village de La Fière. Il y en a un absolument intact juste devant la Bergerie. J'ai vu Francis, il va bien. Je lui ai défendu de sortir de la maison tant qu'il y aura un seul Allemand de libre dans le coin.

Le père a les yeux brillants. Il parle vite, s'interrompant quelquefois pour boire son café à petites gorgées.

— Avec les planeurs aussi il y a eu de la casse. Deux d'entre eux sont tombés dans les arbres. Il y a beaucoup de morts. Pauvres gars. Ils n'ont pas eu de chance.

Sa tasse est vide. Je la remplis de nouveau. Timidement, je lui demande :

— Qu'est-ce que c'est, un planeur ?

— C'est un avion sans moteur. Pour le faire décoller, en Angleterre, un avion, un vrai, avec un moteur, le remorque. Puis il le traîne dans le ciel. Pour le faire atterrir, il suffit de couper le câble qui le relie à l'avion. Le planeur descend doucement vers le sol et se pose où il peut.

— Les hommes qui sont là-dedans ne peuvent pas se diriger ? Même s'ils vont droit sur des arbres ?

— Tout juste. C'est ce qui s'est passé chez le voisin. Le planeur était en bois léger. Il s'est fracassé contre le grand frêne. Il n'y a pas de survivants.

Silence. J'ai mille questions dans la tête, mille questions qui resteront à jamais sans réponse.

— Maurice, quand sont attendus les renforts qui doivent venir par mer ?

— Aujourd'hui, à ce qu'on dit. Ils sont prévus pour midi, au plus tard en début d'après-midi. Ils feront leur jonction avec les troupes aéroportées à Sainte-Mère-Église. Car l'objectif principal des parachutistes, c'est Sainte-Mère. Ils doivent prendre la ville et tenir jusqu'à la relève.

— La mer doit être bien mauvaise. Le temps est affreux, pour la saison. J'ai peur, Maurice, j'ai bien peur.

— Tu as raison, ma femme : le temps est pourri. Mais il faut quand même espérer. Les grands chefs qui ont organisé ce débarquement savent ce qu'ils font. Ils comptent peut-être sur le mauvais temps. Il faut espérer, c'est tout ce que nous pouvons faire, nous autres. Bon, j'ai du travail. Je retourne dans les marais. Il manque trois hommes. Morts ou vivants, il faut que je les retrouve.

Petit Claude vient de se réveiller. Il se frotte les yeux, regarde le brassard que Papa Maurice porte autour de son bras.

— Qu'est-ce que ça veut dire, « MP » ?

— Je ne sais pas, mon petit.

Le père fouille dans sa poche, en sort un petit livre qu'il me tend en disant :

— C'est un dictionnaire. Tout ce qu'on veut savoir est écrit dedans. Regarde un peu, Geneviève.

Sur la couverture du livre, deux mots : *French book*. Je cherche un peu au hasard. Finalement je trouve la signification des deux lettres.

— Voilà : MP : *Military Police ;* « Police Militaire ».

Le père se redresse, ému et fier. L'honneur qu'on lui a

fait en lui donnant ce brassard lui va droit au cœur. Pour cacher son émotion, il me dit :

— Tu en as de la chance de savoir lire. J'aimerais bien savoir lire, moi aussi.

— Je t'apprendrai, si tu veux, comme je le fais avec petit Claude.

— Non, je ne suis pas assez patient. S'il me suffisait d'une journée, j'essaierais bien. Mais je sais que c'est impossible. Alors je préfère m'abstenir.

— Pourquoi ? Tu es doué. Je ne savais même pas que tu parlais si bien le français. Tu as même parlé anglais, cette nuit. Apprendre à lire, ce n'est pas plus difficile. Il faut s'appliquer un peu tous les jours, comme quand tu bêches ton jardin.

— Je verrai, je verrai... Pendant les grandes vacances, peut-être. Je ferai un effort. Pour l'instant, il faut que je retourne dans les marais. Réveille Gaby, je l'emmène avec moi. Il y a les trois manquants, s'ils sont blessés, il m'aidera à les ramener.

Je lui obéis immédiatement. Depuis la nuit dernière, je me sens moins intimidée par lui, mais il me fait encore un peu peur. Je les regarde partir. Pour ne pas être aperçu des Allemands cantonnés au Port-de-Neuville, Papa Maurice longe le remblai, en bordure de la voie ferrée. Il oblige Gaby à s'allonger au fond de la barque, pour lui éviter de recevoir une balle si par malchance les Allemands les repéraient.

En partant dans cette direction, il explorera les coins

qu'il n'a pas fouillés cette nuit. Il finira bien par trouver les soldats qui manquent à l'appel.

Le jour qui se lève garde tout son mystère. De quoi sera fait ce 6 juin 1944 ? Combien de larmes, combien de cris d'agonie, combien de morts atroces ? On avait dit à mes parents, en 1918 : « C'est la dernière, il n'y en aura plus. » Et il y en a eu une autre, encore plus sanglante. Hier soir, l'officier interprète m'a dit : « C'est fini. Vous ne reverrez jamais cela, ni vous, ni vos enfants, ni les enfants de vos enfants. » Pourtant, l'Histoire qu'on nous apprend à l'école n'est qu'une suite de massacres. Alors pourquoi se leurrer, pourquoi mentir ? Si on pouvait mourir tous ensemble, une bonne fois pour toutes... J'ai onze ans et deux mois, mais vraiment, cela ne me ferait rien de mourir.

Je ne mourrai pas. Ce sont les autres qui mourront à ma place, ces soldats étrangers qui découvrent mon pays pour la première et la dernière fois. Et Dieu permet cela. Dieu, ce matin, n'est plus mon ami.

Le père Roulland, au catéchisme, nous a dit : « L'enfer est un lieu terrible où les pécheurs après leur mort souffrent mille morts. » Il a menti, lui aussi. L'enfer, est ici, sur la terre, et ce jour qui se lève va, un instant, entrebâiller sa porte. Ceux qui vont y souffrir mille tourments, mille douleurs, sont jeunes et beaux, bons et braves. Alors, pourquoi, père Roulland, avez-vous menti ?

Un coup de canon très proche me fait sursauter et m'arrache à mes tristes pensées. Ma surprise est telle que je tombe presque dans l'eau. La pauvre barrière contre laquelle je me suis appuyée me retient de son mieux. Que se passe-t-il ? Qui a tiré ? Il me semble que le coup venait d'Amfreville. Le jour est tout à fait levé. Je monte en courant sur la voie ferrée. Un second coup de canon éclate. Aussitôt, une maison construite en bordure du Grand Marais prend feu. C'est fini. La petite Jeannette qui devait se marier bientôt n'a plus de trousseau. Le beau linge préparé avec tant de soin et d'amour s'en va en fumée. Pourvu au moins que les habitants soient sains et saufs. Troisième coup de canon. Cette fois, c'est la petite ferme de Marthe et de Manuel, à l'extrémité du Grand Marais, qui est touchée. Là aussi, tout flambe.

Avant l'inondation des marais par les Allemands, Manuel venait chaque matin compter les bêtes dans les marais. Il faisait une petite halte à la maison et partageait avec nous le pain de dix heures. Est-il mort, lui aussi ? Et sa femme ?

Quatrième coup de canon. Le second étage du château de La Fière explose. Venue me rejoindre sur la voie, maman me dit qu'elle a vu les fenêtres voler en éclats. Notre position surélevée nous permet de voir à des kilomètres. Pourvu qu'il ne soit rien arrivé à Maurice Salmon ! Depuis plusieurs années, il habite le château. Lui aussi est notre ami, depuis toujours. Il a trente ans, il est grand, il est beau et il fait de si bons gâteaux ! Il y a deux ans, pour la communion de Francis, il nous a fait une pièce montée énorme. Il a promis de faire la même pour moi, quand mon tour viendra. Cette promesse, je sais qu'il la tiendra. S'il est toujours vivant...

Les balles sifflent de tous côtés. Maman m'oblige à rentrer dans la maison. Les balles émettent au passage un miaulement aigu et vont se perdre dans le tas de bois qui ferme la cour à l'est. En dépit du danger, maman décide d'aller à la Bergerie pour traire Blanchette, comme d'habitude quand le lait vient à manquer. Elle y va toujours en empruntant le chemin qui part du PN 103. La barque, ce n'est pas son fort. Elle est un peu frêle, ma mère.

Avant de partir, elle me recommande de ne laisser sortir mon petit frère sous aucun prétexte. Je hoche la tête. Mine de rien, j'ai tout compris : la traite de Blanchette n'est qu'un prétexte. Maman veut en fait aller se rendre compte sur place de la tournure que prennent les événements et voir ce que sont devenus « nos » soldats. Sa silhouette menue s'éloigne en direction du 103. Je l'admire. On dirait que la peur ne l'effleure même pas, que les bruits de la bataille qui fait rage autour de nous ne la troublent pas : elle marche de son pas énergique et rapide. Comme d'habitude.

Le temps passe lentement. Toujours le miaulement des balles et les coups de canon. Je m'occupe comme je peux, en nettoyant la maison. Lorsqu'elle rentrera, maman sera contente de voir que je l'ai un peu soulagée de son travail de ménagère.

— Femme, viens m'aider !

Je reconnais la voix du père. Malgré l'interdiction de sortir, je me précipite dehors. Le père est en train d'amarrer son bateau à la barrière du Petit Marais. La barque est chargée d'une façon bien bizarre : une échelle, qui vient de la Bergerie, est installée en travers du bateau, dans le sens de la longueur. Sur cette échelle, un parachute blanc replié sert de matelas. Sur ce brancard improvisé gît un homme, un parachutiste qui sourit en me voyant courir dans l'eau pour m'approcher du bateau.

— Où est ta mère ? me demande Papa Maurice.

— Elle est partie à la Bergerie traire Blanchette. Elle a promis de rentrer bientôt. Tu veux que je t'aide ?

Je constate brusquement que Gaby n'est pas là...

— Dis-moi, papa, qu'as-tu fait de Gaby ?

— Il est resté près d'un autre blessé moins mal en point que celui-là. J'irai les chercher tous les deux lorsque j'aurais mis celui-là dans mon lit.

Tout en continuant à amarrer le bateau, papa Maurice grommelle entre ses dents :

— Cette gamine n'arrivera jamais à transporter ce pauvre gars. Il est lourd, l'animal.

J'ai entendu et je proteste.

— Tu as beau dire que j'ai du sang de navet dans les veines, je suis plus solide que tu ne le crois. Tu vas voir.

— Bon. Prends les deux montants de l'échelle. Quand je te dirai : « Lève », tu les soulèveras en même temps que moi et nous passerons l'échelle par-dessus le rebord du bateau, de ce côté-ci. Ensuite tu avanceras doucement dans la cour. Mais fais attention. Il est costaud, le gaillard, et il est vraiment mal. Ce n'est pas le moment de le laisser tomber.

— Ne t'en fais pas, ça va aller.

Je crâne, mais je n'en mène pas large. Je sais bien que je suis malingre et faible. Quatre ans de privations m'ont rendue presque rachitique. Mais la foi soulève les montagnes. Et j'ai la foi, le désir d'aider Papa Maurice. Pourquoi ne soulèverais-je pas un homme couché sur une échelle ?

Nous manœuvrons comme le veut le père, sans brusquerie, sans à-coups. Pas à pas, j'avance dans la cour. La montée est raide, je sens l'échelle fléchir en son milieu. Pourvu qu'elle ne casse pas ! Non. C'est le père qui l'a faite, cette échelle. Elle est solide. Petit Claude nous ouvre la porte. Avec d'infinies précautions, je franchis la marche haute. Derrière moi, le père me dit :

— Pose très doucement le bout de l'échelle sur le carrelage. Mais seulement lorsque je te dirai « Pose ». Ne te coince pas les doigts, hein. Vas-y... Doucement. Pose. C'est bien. Tu vois quand tu t'appliques, tu fais du bon travail.

J'ai une réplique salée sur le bout de la langue. « Si tu me le demandais toujours aussi gentiment... » N'insistons pas. Le père est de bonne humeur. Du moins a-t-il autre chose à faire que s'emporter contre moi. Profitons-en.

Je me retourne et je regarde. L'homme étendu sourit. Lui aussi a de belles dents blanches. Il sourit alors qu'il devrait grimacer de douleur. Le pauvre, sa jambe est brisée : à plusieurs endroits, les os sortent de sa botte après en avoir percé le cuir. Jamais je n'ai vu une blessure aussi grave. Qu'allons-nous faire ? Qu'allons-nous pouvoir inventer pour le soulager ?

Maman arrive à cet instant et je suis bien contente. Elle, elle saura peut-être ce qu'il faut faire. Il n'y a pas de lait dans son seau. Je note ce détail incongru. C'est bien le moment de penser à Blanchette. Un seul coup d'œil lui suffit pour évaluer la situation. Sans échanger un mot, le père et elle se penchent sur la jambe brisée. Père dégaine le poignard du parachutiste et, aidé de maman, il découpe la botte, doucement, tout doucement, centimètre par centimètre. Quand ils ont réussi à enlever la botte sans avoir même effleuré les os qui pointent à l'extérieur, maman découpe le tissu du pantalon, en commençant au-dessus du genou. Alors, lorsque la toile découpée n'est plus sur le sol qu'un tas de chiffons informe, apparaît la jambe. Si toutefois on peut encore appeler « jambe » cette énorme masse de chair enflée, tuméfiée, violette et couverte de sang coagulé, où les os ressortent à trois endroits.

Voilà. Nous sommes là, devant un grand blessé. Jusqu'à ce jour, nous avons manqué de tout mais nous nous y sommes habitués. Tout d'un coup, je prends conscience de tout ce qui nous manque *réellement.* J'en ai le vertige. Pas de pansement, pas le moindre désinfectant. Nous n'avons aucune notion médicale, pas la moindre idée de la façon dont il faut s'y prendre pour réduire une fracture. Nous ne savons même pas si une fracture de ce genre est guérissable. Je comprends tout d'un coup que la pauvreté n'est pas seulement matérielle. Il y a une autre pauvreté, beaucoup plus profonde, beaucoup plus injuste : la pauvreté intellectuelle. Et c'est chez nous, les plus pauvres parmi les pauvres, que Dieu envoie ses enfants blessés. Décidément, ce Bon Dieu-là, je ne le comprendrai jamais.

Pauvre ou pas, maman ne perd pas la tête. Après avoir terminé, elle sort de l'armoire de sa chambre un drap usagé et le découpe en bandes d'une dizaine de centimètres de large qu'elle roule sur elles-mêmes pour obtenir de petites pelotes de la grosseur d'un poing. Elle m'invite à l'imiter, ce que je fais du mieux possible. Je n'ai encore jamais vu de vraies bandes et j'ai bien du mal à imaginer l'usage auquel maman les destine.

Père met de l'eau à bouillir. Au moment où elle devient frémissante, je m'apprête à la retirer du feu. Maman arrête mon geste, et me dit :

— Laisse, petite, il faut faire bouillir cette eau plusieurs minutes.

— Pourquoi ?

— Tu as appris, à l'école, ce que sont les microbes ?

— Oui, bien sûr.

— Eh bien, ces microbes, il faut les détruire. Et dans l'eau bouillante, ils meurent.

Je souris.

— Quelle drôle d'idée ! Il n'y a pas de microbes, chez nous. À la ville, oui. Mais la campagne est propre.

— Tu te trompes. Il y a des microbes partout. Et il y en a dans cette eau. C'est de l'eau de pluie qui tombe du toit et glisse dans les gouttières. Et elles sont sales, les gouttières. Les trains à vapeur y déposent leur fumée. Le petit filtre, en haut de la pompe, purifie l'eau, mais ne tue pas ses microbes. Voilà pourquoi il faut la faire bouillir plusieurs minutes.

D'un doigt je me frappe le front. J'ai compris.

Quelques minutes plus tard, papa retire l'eau du feu. Je regarde tous ses gestes avec attention. J'ai beaucoup de choses à apprendre. Il verse un peu d'eau bouillante dans un saladier et y ajoute quelques gouttes d'eau de Javel. Il fait aller et venir cette eau sur toute la surface de son saladier. Maman me dit :

— Au cas où un petit microbe se cacherait dans le saladier, ton père le désinfecte.

— J'ai compris. Mais comment vas-tu soigner la jambe du parachutiste ?

— Avec les moyens du bord.

À genoux sur le carrelage, elle commence à nettoyer les plaies qui couvrent la jambe cassée. Dans le saladier plein d'eau bien pure, elle ajoute un demi-verre de calvados. Je souris : pour une fois, le calva va servir à quelque chose. Si maman pouvait utiliser toute la réserve du père...

Papa Maurice apporte une planche large d'environ

vingt-cinq centimètres et de la longueur de la jambe du soldat. C'est la première fois que je vois poser une attelle. Après avoir nettoyé et pansé la jambe, maman demande au père de la soulever avec précaution. Avec des gestes très doux, ils glissent la planche sous la jambe malade. Puis, avec les pelotes de toile qui lui restent, maman ajuste la planche contre le dessous de la jambe qui se trouve ainsi immobilisée.

Le soldat est paré, du moins pour un temps. Il ne reste plus qu'à le mettre au lit. Prenant l'échelle chacun par une extrémité, mes parents portent le blessé dans leur chambre. Avec des gestes d'une douceur infinie dont je ne l'aurais jamais cru capable, Papa Maurice, après avoir posé l'échelle sur le bord du lit, tire sur le parachute et, centimètre par centimètre, fait glisser le blessé vers le milieu du lit. Une fois l'Américain bien calé au centre du lit, le père enlève alors l'échelle et le parachute devenus inutiles. Pour réconforter son blessé qui, pendant toute la durée des opérations, n'a pas gémi une seule fois, le père lui apporte un grand verre de calvados. L'intention était bonne. L'Américain le sait bien, mais cela ne l'empêche pas de faire une horrible grimace en avalant la première gorgée et de refuser de terminer le verre. Papa ne s'en formalise pas trop. Il en conclut simplement que l'Américain ne partage pas sa passion pour l'alcool. Il sourit, tourne le dos et s'éloigne vers la cuisine. Ma mère le suit et je reste seule près du parachutiste. Je le regarde, essayant de me souvenir des quelques mots d'anglais que j'ai appris cette nuit.

— *My name is Dgenevi, your name, please ?*

— George. Lieutenant George Wingate.

Dans la cuisine, mes parents nettoient le carrelage et brûlent les morceaux de pansements souillés. Je me précipite vers eux.

— Papa, maman, votre blessé, c'est un lieutenant. Il s'appelle George Wingate.

— Je sais, répond le père, il me l'a dit en route.

— Où l'as-tu trouvé ? demande maman.

— Dans le pré de Bernard. Il avait l'air content de me voir arriver. Il m'a pourtant supplié de ne pas le livrer aux Allemands.

— Quelle drôle d'idée, remarque petit Claude, qui a assisté, fasciné, à l'arrivée du lieutenant Wingate.

— Qu'est-ce que tu veux, mon petit. Je suis l'ami des Alliés mais ce n'est pas écrit sur ma figure.

Malgré son jeune âge, Claude est terriblement observateur. Rien ne lui échappe.

— Dis-moi, papa, pourquoi as-tu cassé deux barreaux de ton échelle ?

— Tu as remarqué ? C'est bien. J'ai fait ça pour faciliter le transport du lieutenant depuis le pré de Bernard jusqu'au bateau que j'avais laissé près du pont.

— Et pourquoi étais-tu allé par là-bas ?

— Il vaut mieux ramasser les vivants que les morts, hein, mon petit ? Si le lieutenant était tombé dans les marais, il serait noyé depuis belle lurette. Alors autant aller fouiller les prés non inondés. Tu vois, j'ai eu raison.

Claude rit, bat des mains.

— Formidable, comme idée. Tu es un papa formidable !

Père soulève de terre son petit garçon et lui plaque deux baisers sonores sur les joues. Claude rougit de plaisir.

Avant de repartir vers les marais pour récupérer le second blessé, le père jette un coup d'œil sur « son » parachutiste. Il est immense, ce lieutenant. On n'a pas l'habitude de voir des gens aussi grands, par ici. Il a des cheveux châtains. Ses yeux noirs se sont fermés. Il dort. Nous faisons tous cercle autour de lui, en parlant bas pour ne pas le réveiller.

— Comment as-tu fait pour le localiser ? chuchote maman.

— J'ai fait comme cette nuit. J'ai appelé : *Come here, boys, come here*. Il a entendu et il a répondu. C'est tout simple.

C'est tout simple, en effet. Pour papa, dans les jours qui vont suivre, tout sera tout simple. Il s'épuisera à la tâche, ne dormira pas pendant des nuits, fouillera de fond en comble les dizaines d'hectares de marais et de terre. Jamais il ne fera de commentaire, jamais il ne se glorifiera. C'est tout simple.

Très haut sur pieds, le vieux lit de mes parents se compose d'un sommier tapissier, d'un matelas très épais fait de duvet d'oie et d'un édredon moelleux. « On est mieux là-dessus que dans l'herbe, surtout avec ce temps gris », semble dire le regard attendri de Papa Maurice qui couve littéralement le lieutenant endormi.

À part quelques tablettes de chocolat, il ne nous reste plus rien à manger. Je bricole quand même un petit déjeuner avec les moyens du bord. On n'a encore rien inventé de mieux que le café chaud pour calmer les tiraillements d'estomac. Le père ne prend même pas le temps de s'asseoir. Il vide son bol d'un trait et part à la recherche du second blessé. Je remplis le thermos de café très chaud et je vais sans rien dire le déposer à l'avant du bateau. Avant de partir, père demande à maman :

— Tu as pu aller à la Bergerie, tout à l'heure ?

— Oui. J'ai trait la vache, mais je n'ai pas rapporté de lait. J'ai fait le tour des haies et je l'ai donné aux petits gars en embuscade. Ces malheureux n'ont rien avalé depuis leur départ d'Angleterre, à part le bouillon de poule et le lait que Geneviève leur a distribués cette nuit. J'espère que tu n'es pas fâché, Maurice ?

— Non, pourquoi ? Il faut bien qu'ils boivent un coup. Tu sais où est leur ravitaillement ?

— Ma foi non.

— Au fond des marais, ma femme. Et leurs munitions aussi. Alors c'est tout simple : dès que j'aurais ramené le deuxième blessé et trouvé le troisième manquant, j'irai tout repêcher.

— Mais tu n'y arriveras pas, mon pauvre homme ! Il doit y en avoir des tonnes !

— Et alors... Je ferai autant de voyages qu'il faudra.

Et il conclut, devant l'air ahuri de maman.

— Tu vois, c'est tout simple.

Il n'y a rien à répondre. Le père réclame un balai-brosse et une écharpe de laine. Maman va les lui chercher, sans oser demander ce qu'il va faire de cet attirail.

La vaillante petite barque traverse une fois de plus le marais. Et le « petit gars » que papa nous ramène une demi-heure plus tard me laisse sans voix. Un géant : un adorable géant blond qui rit à tout propos et marche à cloche-pied en s'appuyant sur le balai-brosse qui lui sert de béquille. L'écharpe de laine emmitoufle les poils de chiendent de la brosse que le parachutiste a calée sous son aisselle.

Haut d'au moins deux mètres, il possède d'immenses yeux bleus, rayonnants de joie de vivre, et mâche sans arrêt du chewing-gum, toujours en riant. En le voyant entrer chez nous, c'est un peu comme si le soleil revenait après une très longue absence. Appuyé sur les épaules de mes parents, le géant s'installe près de la cheminée de la cuisine, où brûle un bon feu. Il se laisse tomber sur une chaise avec une évidente satisfaction. Il a une entorse carabinée : sa botte n'est plus assez grande pour contenir son pied, l'enflure déborde de partout. Maman a bien du mal à la lui ôter sans la couper.

Le géant n'est pas venu seul. Il a eu l'idée de repêcher

au fond du marais une caisse qu'il nous demande d'ouvrir. C'est une caisse de rations : elle contient tant de nourriture que nous n'aurons plus de souci à nous faire pendant plusieurs jours. Voilà au moins une question résolue.

Je m'approche du géant en lui débitant ma phrase rituelle :

— *My name is Dgenevi.*

— *Mine is Kerry. Kerry Hogey.*

Claude s'assied près de lui et lui propose de lui apprendre le jeu de Dada, qui ressemble un peu au jeu de dames. Kerry accepte en riant de bon cœur. Et voilà le géant et le petit garçon partis dans d'interminables discussions, moitié en français, moitié en anglais. En français, Kerry doit en tout et pour tout savoir dire « bonjour » et « bonsoir ». Le *French book* nous sera bien utile.

Le père repart, cette fois-ci vers Fresville. Il revient en début d'après-midi, avec des caisses de rations, en bois, et des caisses de munitions, en métal. Cette fois-ci, pas de parachutiste. Maman le regarde approcher. Il a le visage sombre des mauvais jours. Quand elle lui dit timidement : « Tu n'as pas trouvé le troisième... », il fait non de la tête puis, se ravisant, fait « oui ».

— Je ne comprends pas.

— Il y a un parachute dans le Merderet, au trou des Trois Rivières.

Inutile d'en dire plus.

Nous sommes tous tristes, si tristes. Mais il faut bien

se ressaisir. Un seul mort, c'est presque miraculeux. Et puis ce parachute n'était peut-être pas celui d'un soldat... Nous ne le saurons jamais.

Père décharge son bateau. Que faire de toutes ces caisses ? Les soldats sont regroupés près du PN 103, à un kilomètre et demi de la maison. Ils ne reviendront pas ici. Il faut donc leur porter leurs vivres et leurs munitions là-bas. Deux heures de l'après-midi. Les Américains doivent crier famine. La canonnade sur Sainte-Mère-Église ne s'est pas amplifiée, ce qui veut dire que les renforts attendus ne sont pas encore arrivés. C'est du moins ce que nous supposons. Nous n'apprendrons que bien plus tard ce qui s'est réellement passé en ville.

Quoi qu'il en soit, il faut aller secourir « nos » soldats du 103. Père, soudain, a une idée il sort sa brouette du cellier, y empile plusieurs caisses et part bravement en direction du 103.

Il revient bientôt, sans sa brouette. Pour gagner du temps, il l'a laissée dans la cour de la ferme où il a déposé les caisses. Désormais, il n'en aura plus besoin. On lui a confié la mission de repêcher les caisses et de les stocker dans notre cour. Les parachutistes viendront les chercher eux-mêmes au fur et à mesure de leurs besoins.

Le père nous rapporte aussi une nouvelle effroyable : Mme Brisset, la gouvernante du château de La Fière, qui s'occupait de la vie courante pour le compte du locataire Maurice Salmon, a été décapitée par un obus. Elle avait une petite fille de mon âge, Bernadette. Que va-t-elle devenir maintenant qu'elle n'a plus de maman ?

Père paraît infatigable. Maman a toutes les peines du monde à le faire asseoir cinq minutes et à l'obliger à grignoter quelques biscuits. Un bol de café et le voilà reparti dans le marais à la recherche des caisses.

Les Allemands du château d'Amfreville continuent à nous tirer dessus. Kerry ouvre une caisse de munitions, en extrait une mitrailleuse en pièces détachées, la remonte en un tournemain, s'installe à la barrière du Petit Marais, à l'abri des balles allemandes tirées de l'autre côté mais dont la portée est trop faible, et assure la protection de Papa Maurice. On ne sait jamais. Peut-être y a-t-il d'autres Allemands du côté de Port-de-Neuville. Si le père s'en approche un peu trop, ils le tireront comme un lapin. Mieux vaut ne pas prendre de risques inutiles.

Pour soulager le pied enflé de Kerry, maman lui prépare un seau d'eau chaude dans lequel elle a fait dissoudre une grosse poignée de sel. Le grand géant blond ronchonne un peu mais maman se montre intraitable. Il s'exécute alors en riant et c'est avec un pied dans le seau qu'il s'apprête à couvrir Papa Maurice.

Le temps passe. Aucun coup de feu ne part de Port-de-Neuville. Les Allemands ont dû détaler. Papa Maurice peut pêcher ses caisses sans trop de risques.

Maman oblige alors Kerry à s'allonger un peu à côté du lieutenant Wingate, dont il ignore l'existence. La première surprise passée, les deux hommes sympathisent vite. George parle de mes parents avec tendresse et reconnaissance. Je commence à comprendre à peu près ce qu'ils disent.

Gaby s'installe auprès d'eux et leur fait un brin de conversation. Pendant ce temps, maman et moi préparons le déjeuner. Les œufs d'oiseaux sauvages que j'ai pêchés hier matin (était-ce vraiment hier ?) se transforment en une succulente omelette. George y fait honneur, malgré sa douleur. Il faut dire qu'à part la gorgée de calvados qu'il a bue avec beaucoup de réticence, lui non plus n'a rien pris depuis son départ d'Angleterre. Nous buvons aussi le cidre bouché que le père n'a pas eu le temps de boire cette nuit. Pétillant et doux, il semble plaire à nos blessés qui en demandent un second verre.

Maman a exigé que Kerry prenne son repas au lit. Il a commencé par grommeler, comme tout à l'heure. Maman, alors, lui a fait les gros yeux et Kerry a éclaté de rire. Rire communicatif. L'hilarité devient générale et couvre presque le bruit des balles et les coups de canon.

Tant pis pour la guerre. Elle ne rentrera pas ici. Chez nous, on boit le café. Maman a sorti pour l'occasion ses belles tasses de porcelaine de Chine, cadeau que lui a rapporté son père, autrefois marin au long cours. Comme il est bon, ce café américain ! Et comme il fait bon dans notre maison !

Nous nous taisons tous un instant, pour savourer cette paix précaire. Et Gaby, soudain, fond en larmes.

Stupéfaite, maman lui passe un bras autour des épaules.

— Pourquoi pleures-tu ?

Entre deux sanglots, Gaby essaie de se faire comprendre. Il se sent bien, près de nous. Mais ses parents sont loin. Qui sait ce qu'ils sont devenus ?

— Laissez-moi aller les rejoindre, dit-il.

— Ce ne serait pas raisonnable, répond ma mère. Tu es un bon fils. C'est bien. Mais réfléchis : si tu n'avais pas écouté Papa Maurice lorsqu'il t'a demandé de quitter la guérite avec lui, tu serais mort à l'heure qu'il est. Si tu pars maintenant, ce sera la même chose : tes parents ne te reverront pas vivant. De chez nous à ton village, il y a dix kilomètres. Et ces dix kilomètres ne sont qu'un immense champ de bataille. Tu n'as aucune chance de passer au travers. Crois-moi, il vaut mieux attendre.

Claude grimpe sur les genoux de Gaby et lui dit :

— Viens jouer avec moi et Kerry.

Gaby caresse les cheveux du petit garçon, sans répondre. Sa peine, son désarroi, nous les comprenons. Nous aussi, nous avons quelqu'un qui nous manque, quelqu'un qui est loin et dont nous n'avons pas de nouvelles. C'est Denise, notre sœur aînée, une belle jeune fille rieuse et gaie. Elle travaille loin d'ici, chez un fermier. Quand la reverrons-nous ?

Les deux blessés s'endorment. Kerry a présumé de ses forces : son action pour protéger Papa Maurice l'a épuisé. Cette sieste obligatoire va lui faire le plus grand bien.

Nous quittons la chambre sur la pointe des pieds. Papa Maurice ne s'est pas arrêté pour partager notre repas, que nous avons pris beaucoup plus tard que d'habitude. Il ne cesse de faire la navette entre la maison et les marais. Les caisses de vivres et de munitions commencent à s'entasser dans la cour. Si les renforts par mer arrivent aujourd'hui, elles seront inutiles. Les soldats ont dans les planeurs de quoi tenir trois jours. Mais il faut être prêt à tout, et même au pire. Si la jonction tarde à se faire, alors oui, nos caisses serviront à quelque chose.

La bataille fait rage entre Amfreville et La Fière. Les maisons brûlent les unes après les autres. Après la maison de Marthe et de Manuel, c'est au tour de la maison de maître Jean, puis de celle de M. et Mme Cuquemelle. Le village de La Fière est et restera le premier village libéré de France. Les parachutistes l'ont entièrement investi avant le lever du jour. Et ils le garderont, mais à quel prix !

Le fracas du canon s'intensifie sur les côtes en direction de Saint-Hubert et de Saint-Germain. Il ne doit pas faire bon sur les plages. Que se passe-t-il exactement ? Les renforts vont-ils vraiment arriver ? Et, s'ils n'arrivent pas, combien de temps les parachutistes vont-ils pouvoir tenir avant d'être submergés par les Allemands ? Autant de questions obsédantes. Le temps est toujours aussi gris, aussi froid. Les oiseaux, aujourd'hui, n'ont pas chanté. D'ordinaire, leur concert se prolonge toujours tard dans la matinée. Canards, sarcelles, poules d'eau s'en donnent à cœur joie. Mon ami personnel le pivert, qui vient chaque matin me chercher sur le seuil de la maison pour m'accompagner sur le chemin de l'école jusqu'au PN 103, n'est pas venu. Les oiseaux se terrent. Cette guerre qui ne les concerne pas les terrifie. Et s'ils allaient ne plus jamais chanter ? Si le fracas des armes allait les rendre muets pour toujours ?

Père rapporte toujours ses caisses. Dans la cour, le tas grossit. Pauvre père, il doit être bien las. Lui non plus n'a pas dormi cette nuit ; et la barque, lorsqu'elle est chargée, est si lourde à manœuvrer...

Réveillé, Kerry a repris sa place à la barrière, près de sa mitrailleuse. Il scrute les alentours. George Wingate, lui, semble maintenant souffrir davantage. Une forte fièvre se déclare en fin d'après-midi. Maman est bien inquiète. « Son » soldat ne va pas bien du tout.

Elle décide de ne pas aller à la Bergerie ce soir. Francis s'occupera de Blanchette et de nos volailles. Sa place à elle est auprès de son blessé. Par la porte de la chambre entrouverte, je la vois poser des compresses humides et froides sur le front du lieutenant. Claude et moi n'avons plus la permission de nous approcher du lit. Turbulente comme je suis, je risquerais sans le vouloir de fatiguer le pauvre lieutenant. Je l'admire, ce lieutenant. Où puise-t-il une telle énergie, un tel courage ? Je me souviens des graves brûlures qui m'ont clouée au lit tout un hiver et j'apprécie « en connaisseur » la volonté de George. Ce matin, Claude lui a appris quelques mots de français. Il les a répétés sans se tromper, avec un accent inimitable qui nous a bien fait rire. Me servant du *French book,* j'ai fait une petite dictée de mots anglais. Je la lui montrerai dès qu'il ira mieux, il m'apprendra à les prononcer correctement. Demain, peut-être.

En fin d'après-midi, maman me demande :

— Où est Gabriel ?

— Je l'ai vu sortir tout à l'heure. Il doit être au petit coin ou dans les marais, avec papa.

— Certainement pas ! Ton père ne veut pas de lui dans sa barque. C'est trop dangereux. Surtout à découvert, comme maintenant.

Gabriel est parti. Nous ne le reverrons plus. Torturé par l'angoisse, impatient de voir ses parents, il nous a quittés. Maman trouve sur le rebord de la cheminée un petit mot écrit en toute hâte. Gabriel nous demande pardon de s'enfuir comme un voleur. Il espère revenir bientôt avec de bonnes nouvelles.

On retrouvera son corps criblé de balles au-delà de la gare de Fresville. Pauvre Gaby. Son amour filial lui aura coûté la vie. Les Allemands se cramponnent désespérément aux environs de Fresville. Voyant une silhouette se faufiler dans leur direction, ils ont ouvert le feu.

La nuit tombe. Maman installe une grosse botte de paille sur le sol de la cuisine. Cette paille sert habituellement de litière aux lapins. Le grenier de la Bergerie en regorge et nous en avons quelques bottes en réserve au 104. Ce soir, elle servira de lit à mes parents. Maman bricole un crochet métallique pour maintenir ouverte la porte de sa chambre. La déclivité de notre maison est si forte que, si nous ne l'attachons pas, cette porte se referme toute seule. Le petit crochet permettra à mes parents de veiller plus facilement nos blessés. Claude et moi obtenons, malgré les réticences de maman, la permission d'aller embrasser le lieutenant avant de nous coucher. Son aspect fiévreux, son visage couvert de sueur trahissent sa souffrance. J'approche mes lèvres tout près de son oreille et je murmure tout bas trois mots que Kerry m'a appris cet après-midi :

— *I love you, George.*

Le blessé ne répond pas. Il me regarde longuement, intensément. Deux larmes perlent au bord de ses paupières. Il esquisse un geste pour caresser mes cheveux. Sa main retombe sur le drap. Il est à bout de forces. Je supplie maman de me garder près d'elle cette nuit. J'aimerais tant, moi aussi, pouvoir veiller George ! Mais ma petite mère ne veut rien savoir. « Au lit ! » Je me fais douce, je la regarde avec des yeux câlins, des « yeux de biche ». C'est ma façon à moi d'obtenir ce que je veux. On dit que j'ai de beaux yeux verts, pailletés d'or, comme Papa Maurice. Sans succès. Ma mère me glisse sans ménagements dans mon lit et me demande de faire faire sa prière à mon petit frère. Ce soir, elle n'a pas le temps de prier avec nous. Nous demandons d'abord à Dieu la guérison de nos deux blessés et une protection toute spéciale pour nos parents sans qui nous serions bien perdus.

Petit Claude à peine endormi, je me lève et je m'agenouille au pied de mon lit. J'ai l'impression de ne pas avoir assez prié. Toutes les petites filles de la terre, comme moi ce soir, sont sûrement en train de prier. J'offre à Dieu toutes nos angoisses, toutes nos misères et l'immense chagrin de la petite Bernadette qui, cette nuit, n'a plus sa maman pour venir la border dans son lit. Je Lui demande aussi, quoi qu'il advienne à chacun d'entre nous en ces jours terribles, le courage de faire face aux épreuves qui nous attendent. Et je prie une dernière fois pour la maman de Bernadette morte décapitée.

Il y a quarante-deux heures que je suis debout. Pourtant je ne me sens pas particulièrement fatiguée. La sauvageonne des marais finit tout de même par s'endormir en se demandant de quoi demain sera fait.

Mercredi 7 juin 1944

Le raclement de la petite barque sur le sol immergé me tire de mon sommeil. Le jour est à peine levé. Sans faire de bruit, pour ne pas réveiller Claude, je vais jusqu'à la fenêtre du grenier. C'est bien ce que je pensais : le père est déjà sur les marais, avec sa barque pleine de caisses. Depuis combien de temps est-il à l'œuvre ? Je m'habille sommairement. Puis, tenant mes chaussures à la main, je descends doucement les escaliers. Tout doucement ; j'évite de faire craquer les marches. L'escalier passe tout contre la chambre de mes parents où dorment les deux blessés. Réveillée elle aussi, maman est en train d'enlever la paille sur laquelle elle a dormi. Sur le feu bout l'eau du café. À pas de loup, je m'approche de ma mère.

— Comment vont-ils ce matin ? George a-t-il bien dormi ?

À haute voix, maman répond :

— Ils sont réveillés. Tu peux aller les embrasser, mais surtout ne les fatigue pas.

Je ne me fais pas répéter la permission deux fois. Je cours vers la chambre. Le lieutenant Wingate a les traits moins ternes qu'hier soir. Il est reposé, détendu. Il semble moins souffrir. Prenant son visage entre mes mains, je le regarde longuement. Comment nous comprendre ? Il ne parle pas un mot de ma langue et je ne fais que bafouiller péniblement la sienne. Pourtant, nos regards pleins de tendresse sont aussi éloquents que des paroles.

Kerry sourit en voyant maman apporter deux grands bols de café fumant et des biscuits sortis tout droit des boîtes de rations. Il m'aide à soulever le gentil lieutenant. Pour bien le caler, maman ajoute derrière son dos un oreiller supplémentaire. Il refuse de manger mais boit son café avec plaisir. Maman lui propose un second bol. Il fait « non » de la tête en souriant. Et il ajoute : *No thank you, little mother.* Aussitôt je cherche dans le dictionnaire ce que peut bien vouloir dire *mother.* L'ennui, c'est que je ne sais pas comment ce mot s'écrit. Devinant ce que je cherche, Kerry se lève et me prend le livre des mains pour chercher à ma place. Alors la courte dictée que j'ai faite hier glisse et tombe sur le lit. Kerry ramasse la feuille de papier, lit mes petites phrases et va la montrer au lieutenant Wingate. Avec son accent invraisemblable, George me dit :

— Bravo, Dgenevi, c'est très beau.

Je lui fais rectifier :

— Très bon ! *Not* « très beau ».

Ravi, il répète : « Très beau, *no*, très bon, *yes*. »

Soulagée de le voir en si bonne forme, je ris de bon cœur. Maman arrive, agrippe d'une main mes cheveux que je n'ai pas encore nattés et me tire en arrière.

— Tête de mule ! Je croyais t'avoir dit de ne pas fatiguer nos blessés.

Et elle m'entraîne dans la cuisine. À mon grand regret, la leçon d'anglais est terminée. J'ai quand même le temps d'envoyer du bout des doigts un baiser au lieutenant qui rit de voir ma petite mère faire semblant d'être fâchée.

C'est vrai : je suis insupportable. Pour me faire pardonner, je décide d'aller dans les remblais cueillir les iris d'eau qui poussent à profusion en contrebas de la voie ferrée. L'ennui, c'est qu'il me faut descendre dans l'eau jusqu'à la taille.

Un quart d'heure plus tard, je reviens au 104, trempée jusqu'aux os. J'ai failli en plus me faire tuer par les tireurs embusqués au château d'Amfreville. Tant pis : je suis contente de ma cueillette. Ma pauvre mère ne sait plus si elle doit me battre ou m'embrasser. Dehors, les balles continuent à siffler leur tragique mélodie. Il a fallu un miracle pour que je m'en sorte vivante : il faut dire que j'ai rampé et marché à quatre pattes. Mais j'ai tout de même de la chance que maman aime tant les fleurs. Sinon, gare à la fessée !

Elle me déshabille, me sèche, me frictionne et me donne des vêtements secs, tout en me grondant. Mes yeux de biche ont raison de sa colère. Je grelotte. L'eau était encore froide, ce matin. Décidément, l'été ne viendra jamais.

Une fois bien sèche, bien propre et chaudement habillée, je demande :

— Maman, donne-moi la permission d'aller chercher papa. Une tasse de café lui fera du bien.

— Non et non ! Tu ne sortiras plus de la maison ! Appelle ton père par la fenêtre du grenier.

Je grimpe quatre à quatre les escaliers, j'ouvre la fenêtre du grenier et je crie, les mains en porte-voix :

— *Come here*, Papa Maurice, *comme here !*

Occupé à décharger une nouvelle fois son bateau, le père lève la tête.

— Qu'est-ce que tu veux, poison ?

— Je t'ai chauffé du café, viens le boire tant qu'il est chaud.

— J'arrive.

Après avoir rangé la cuisine, maman, aidée de papa, refait le pansement du lieutenant. Père commence à boire son café. Lui avançant une chaise, je lui demande :

— Depuis quelle heure es-tu dans les marais, Papa Maurice ?

— Ma foi, je ne sais plus. Depuis lundi soir onze heures, peut-être.

— Tu veux dire que cette nuit encore, tu ne t'es pas couché ?

— C'est ça.

— Pourquoi ?

— Tu as vu comment l'eau clapote ? C'est un signe qui ne trompe pas. La mer est grosse, à coup sûr. Le débarquement va être retardé jusqu'à ce que le temps se calme, il n'y a pas de doute là-dessus. Et pas de débarquement, pas de vivres. Alors je repêche tout ce qui traîne dans les marais. Il ne faut rien laisser au fond de l'eau. Voilà.

— Et puis tu vas casser ta pipe, Papa Maurice. Mort de fatigue ou tué par une balle.

— Et après ? Tu seras bien contente. Il n'y aura plus personne pour te punir. Tu as de la chance que j'ai autre chose à faire. Sinon je t'aurais flanqué une belle raclée, tout à l'heure...

— J'ai peut-être envie de me faire tuer, comme toi.

— Arrête de dire des âneries, bourrique !

Il se lève. Je l'accompagne sur le seuil de la porte. Du doigt, je lui montre le stock de munitions.

— Ils vont vraiment avoir besoin de tout ça ?

— J'en ai bien peur, ma fille.

— Ça va aller si mal que ça, pour eux ?

— J'en ai bien peur.

Il lève les bras en signe d'impuissance et repart dans les marais. Cet homme est une vraie force de la nature.

Mais, à ce rythme-là, il ne tiendra pas longtemps. Pour la première fois, je sens monter en moi une vive admiration pour cet homme si dur.

Maman me confie la garde de la maison et des blessés. Elle va aller à la Bergerie traire Blanchette. En fait, elle veut surtout savoir comment les choses se passent là-bas. Elle a décidé que, ce matin, chaque soldat en embuscade aura droit à au moins un litre de lait. Elle ira aussi traire les vaches de la ferme. Les pauvres bêtes, le pis gonflé, commencent à souffrir. Dès qu'elles aperçoivent maman avec son seau, elles se précipitent vers elle. C'est à qui passera la première.

Maman recueille environ deux cents litres de lait. Le chef d'état-major qui a installé son quartier général à la ferme reste ébahi devant le spectacle de cette petite femme qui transporte dans une brouette autant de bidons pleins à ras bord. Puis, lorsqu'elle lui a expliqué ce qu'elle veut en faire, il appelle un soldat qui charge les bidons sur une jeep. Maman et son chauffeur improvisé partent faire le tour des buissons et des haies où les soldats se dissimulent. Avant de partir, elle laisse deux bidons à la disposition des hommes cantonnés à la ferme.

Les parachutistes en embuscade sont ravis de cette distribution inattendue. Maman reconnaît plusieurs de « nos » soldats rescapés des marais. Ils lui font un tel accueil que ce souvenir restera pour elle un des plus heureux de son existence.

Ces pauvres soldats fourbus qui s'apprêtent à combattre sont loin de savoir que le débarquement a eu lieu et que là-bas, sur les plages, d'autres hommes se font tuer. Ils n'ont pas de liaison avec le gros de l'armée alliée. Perdus dans une campagne dont, la veille encore, ils ignoraient l'existence, ils vont affronter un ennemi qu'ils ne connaissent pas et qui ne les connaît pas. Pour beaucoup d'entre eux, ce sera, c'est déjà, le baptême du feu.

Nous sommes, semble-t-il, les seuls civils de l'endroit. Les habitants de la ferme où les Américains ont installé leur quartier général ont fui. Enfuis aussi les habitants du PN 103. Ils ont disparu dans la nuit du 5.

Maman demande un médecin. Hélas, il n'y en a pas. On n'a pas prévu le parachutage d'un personnel sanitaire. Le major promet quand même à maman que, dès qu'il pourra mettre la main sur quelqu'un de compétent, il nous l'enverra pour soigner le lieutenant Wingate plus efficacement que nous ne pouvons le faire nous-mêmes avec nos pauvres moyens.

Maman rentre à la maison vers dix heures. Il lui manque le bout de son sabot droit. Son gros orteil passe par le trou. Elle me dit en riant :

— Il va falloir que je mette une rustine à mon sabot. Il commence à jouer les misérables.

— Qu'est-ce qui s'est passé ?

— Rien de grave : un éclat d'obus a sectionné le bout. Regarde.

— Tu n'es pas blessée ?

— Non, j'ai eu de la chance.

— Qu'est-ce que tu as fait lorsque c'est arrivé ?

— Rien. J'ai continué ma route en remerciant le Bon Dieu de m'avoir si bien protégée. J'en ai profité pour Lui demander de veiller sur nous. Tout va bien ? Nos blessés ont été sages ?

— Oui, le lieutenant s'est endormi. Je crois que la fièvre remonte un peu. Comment va Francis ?

— Bien. Il ne sort de la maison que lorsqu'il ne peut pas faire autrement. La Bergerie est solide, il est moins exposé que nous. Où est Kerry ?

— À la barrière du marais. Il protège Papa Maurice. J'ai réussi à l'obliger à s'asseoir et à mettre son pied dans de l'eau chaude salée. Maintenant, il fait les gros yeux comme toi. Il est d'une drôlerie irrésistible !

— C'est vrai, nous avons de la chance d'être tombés sur des gars comme eux. Tout de même, je serai plus tranquille lorsque George aura été soigné par un médecin. On doit m'en envoyer un le plus tôt possible, si le major en déniche un parmi ses hommes.

Maman a gardé pour nous le lait de Blanchette. Elle prépare un grand saladier de chocolat au lait pour tout le monde. Kerry semble ne pas trop souffrir de sa cheville. Mais le lieutenant, lui, va mal. Il boit son chocolat en silence. La fièvre monte toujours.

Maman défait ses pansements et nettoie une nouvelle fois les plaies avec du calvados et de l'eau longuement bouillie. La jambe de George est tellement laide, tellement tuméfiée qu'on la croirait atteinte de la gangrène, ce mal qui nous fait si peur. Isolés comme nous sommes, comment pourrons-nous sauver le lieutenant ? Notre angoisse va augmenter d'heure en heure, au fur et à mesure de la progression de l'infection.

En regardant à travers la porte vitrée qui donne sur l'extérieur, j'aperçois au loin, près du pont de la rivière, quelqu'un qui vient dans notre direction. J'ouvre la porte, j'appelle mon père. Occupé, en contrebas du remblai, à décharger une nouvelle cargaison de munitions, Papa Maurice remonte et regarde. Il voit bien, mieux que n'importe qui ; pourtant il ne distingue qu'un groupe de trois hommes qui marchent lentement et péniblement. Il emprunte les jumelles du lieutenant et, après avoir longuement observé la voie, il dit à ma mère :

— Ces types-là sont blessés. Comprends-moi bien, ma femme, je ne t'empêcherai pas de faire ce qui te semblera être ton devoir. Mais ne compte pas sur moi pour te donner un coup de main.

— En voilà une façon de parler !

— Ce sont des Boches qui arrivent.

Incrédule, maman saisit les jumelles et regarde à son tour. Puis, sans rien dire, elle rend les jumelles au père.

Comme j'aimerais savoir ce qu'elle pense...

Son calme, sa sérénité ne sont sans doute qu'apparents. Que va-t-elle faire ? Les parachutistes américains ont des consignes impératives : pas de prisonniers les premiers jours. Que va-t-il se passer ? Timidement, je demande à papa :

— Est-ce que je peux regarder avec les jumelles ?

Sans brutalité, mais sans douceur, le père répond :

— Tu les verras bien assez tôt, ces gars-là.

Et il repart dans les marais après avoir rendu les jumelles au lieutenant. Maman a un instant d'hésitation. Comment assurer notre protection contre ces soldats ennemis qui approchent ? Ils sont blessés. Peut-être n'ont-ils pas de mauvaises intentions ?

Ma petite mère, tout d'un coup, se décide. Elle fait rentrer Kerry et l'oblige à se mettre au lit. Il ronchonne un peu mais obéit. Son pied le fait souffrir bien plus qu'il ne veut le montrer. Maman laisse volontairement ouverte la porte qui donne sur l'extérieur. Elle pourra ainsi suivre les mouvements des nouveaux venus. Pour compenser la perte de chaleur, elle active le feu dans la cheminée de la cuisine. Maintenant, elle en est sûre : les Allemands vont s'arrêter chez nous. Où pourraient-ils aller, autrement ? Le 104 est la seule maison encore habitée à des kilomètres à la ronde.

— Nous improviserons, dit maman.

Le fusil de Kerry est posé le long du mur. Elle le prend et le porte dans la chambre. Le lieutenant Wingate s'est assoupi. Maman met un doigt sur ses lèvres et fait « chut ». Kerry la regarde, étonné. Elle lui montre le fusil et, du doigt, lui indique la voie ferrée. Puis, après l'avoir chargé, elle pose le fusil sous le dessus-de-lit, à portée de main de Kerry. Avant de refermer la porte, elle pointe de nouveau son doigt en direction de la voie ferrée. Kerry hoche la tête : il a compris. Soulevant le dessus-de-lit, il montre le fusil et cligne des yeux. En cas de besoin, il nous protégera, nous et le lieutenant Wingate. Les trois hommes qui arrivent ne semblent pas très agressifs, mais on ne sait jamais. Mieux vaut être sur ses gardes.

Ils sont tout près, maintenant. Deux d'entre eux soutiennent par les épaules, pour l'aider à marcher, un jeune soldat bien mal en point. En les voyant entrer dans la cour et marquer un temps d'arrêt, maman leur fait signe d'avancer. Ils ne semblent pas avoir d'armes sur eux. Leurs uniformes sont déchirés et maculés de boue. D'où viennent-ils ? Par quel miracle ont-ils échoué sur la ligne de chemin de fer sans se faire abattre, alors que toute cette contrée, depuis hier matin, est aux mains des Américains ?

L'un des Allemands, dans un très bon français, nous dit d'une voix lasse et triste :

— Madame, s'il vous plaît... Le petit a perdu beaucoup de sang. Il va mourir si vous ne l'aidez pas.

Le petit en question n'a que vingt ans. Une balle lui a traversé la cuisse. Il saigne en abondance et souffre beaucoup. L'autre Allemand, beaucoup plus âgé, a reçu une balle dans le talon. Sa blessure est moins grave. Maman les fait asseoir tous les deux et me dit :

— Va au cellier et apporte-moi une grosse botte de paille.

L'Allemand m'accompagne et m'aide à soulever l'énorme botte, que nous installons à même le sol de la cuisine. Occupée à soigner le plus jeune blessé, maman me dit encore :

— Apporte le parachute qui se trouve sur l'échelle. Il servira de drap.

L'Allemand détache la grande toile blanche que nous transportons dans la cuisine. Nous l'étalons sur la paille et nous y couchons le jeune blessé, à qui maman a retiré son pantalon plein de sang.

Après l'avoir lavé, soigné et pansé, elle lui enfile un pyjama de Francis. Une fois de plus, le calvados a servi de désinfectant et de réconfort. Le jeune Allemand, lui aussi, fait la grimace après la première gorgée.

— Bois quand même, mon pauvre petiot. Je n'ai rien d'autre à te donner pour te remonter.

L'Allemand qui n'est pas blessé est grand et beau. Il est âgé d'une quarantaine d'années environ. Tout dans ses manières indique que nous avons affaire à un aristocrate et à un officier. En dépit de l'état lamentable de son uniforme, sa distinction et son maintien ne trompent pas. Il a dû arracher ses galons. Les soldats, eux, ont arraché leurs boutons. Pourquoi ?

Pensif, il s'assoit près de la cheminée. Avec la permission de maman, je lui offre une tasse de café. Il me remercie d'un petit sourire sans joie. Il regarde ses malheureux compagnons allongés sur la paille et emmitouflés dans le parachute, et au-dessus desquels maman se penche avec sollicitude.

À cet instant, Kerry entre en clopinant dans la cuisine. Sans armes.

Silence, stupéfaction. Kerry n'a jamais vu d'Allemand. Mais il comprend vite ce qui se passe. Silence encore. Kerry et l'officier s'observent. Puis, spontanément, l'Allemand tend la main à l'Américain. Kerry hésite une fraction de seconde. Son regard croise celui de maman qui lui fait un imperceptible signe de tête. Le doux géant, alors, accepte la main tendue. Les deux hommes se regardent longuement, amicalement. Chez nous, il n'y a plus d'ennemis. Il n'y a que des hommes qui souffrent.

L'Allemand et l'Américain sympathisent immédiatement. Ahurie, je les regarde : les voilà qui boivent ensemble, les deux pieds dans l'âtre où brûle un bon feu, une tasse de café importé d'Amérique. Ils devraient pourtant se tirer dessus, s'entre-tuer, comme s'entre-tuent dehors leurs compatriotes. Mais, au 104, rien ne se passe comme ailleurs. Isolée, perdue dans les marais immenses, ma maison d'enfance est devenue et restera toujours pour moi la maison du Bon Dieu.

Les deux blessés allemands semblent dormir. Le plus jeune ne fait sûrement pas semblant. Mais l'autre... Celui-là, sans que je puisse savoir pourquoi, m'inspire une peur irraisonnée. La vie solitaire que j'ai menée jusqu'alors a développé en moi une faculté un peu bizarre : j'ai le don d'entendre les pensées des personnes qui m'entourent, mais seulement lorsque ces pensées sont hostiles ou négatives. Ma mère me dit souvent que Dieu a permis cela pour m'éviter de devenir orgueilleuse. Il y a de quoi rester humble, en effet : les pensées des autres, les vraies, ne sont jamais très drôles ni très agréables.

Les pensées du vieil Allemand blessé, je le devine, sont malveillantes. Pire encore : sans trop savoir pourquoi, je sais que sa présence ici, sous notre toit, et la sienne *uniquement,* met notre vie en danger. Pourquoi ? Comment ? Je n'en sais rien.

L'officier allemand sort de son portefeuille de petites photographies d'amateur et nous montre les membres de sa famille. Sa mère, une belle dame aux cheveux blancs, a la même dignité et la même distinction que lui. Tous deux se ressemblent trait pour trait. Comme celui de son fils, le visage de cette dame reflète des sentiments de droiture et de noblesse. Sur une autre photographie, la femme de l'officier, jeune encore, tient par la main deux enfants de mon âge, un garçon et une fille. La maison en pierres de taille, devant laquelle ils ont posé, est entourée d'une grande et belle pelouse, bien entretenue. Cette photographie représente l'image même d'un bonheur paisible et familial, bien loin de la tourmente de feu et de sang qui nous réunit tous aujourd'hui.

Kerry, à son tour, nous montre des photos de sa maison, de ses parents, bien jeunes pour des parents, de sa fiancée et d'un gentil chien horriblement poilu. Les deux hommes ne parlent pas la même langue mais la sympathie qui les rapproche est bien réelle, presque palpable. Il y a pourtant entre eux une différence fondamentale :

le visage, les yeux, les regards, l'attitude de l'Allemand, tout son être dénote une tristesse profonde, angoissée : la détresse du vaincu. Kerry est au contraire l'image même, malgré sa blessure, de la joie de vivre, de l'espérance, de l'assurance du vainqueur. Pour ces deux-là, l'issue de la guerre ne fait aucun doute.

Maman nous bricole un repas hétéroclite et savoureux, mélange de légumes du jardin et de viande puisée dans les boîtes de rations. Nous nous retrouvons tous ensemble autour de la table familiale. Seul manque Papa Maurice qui voudrait en finir au plus vite avec le ramassage des caisses. Après le repas, l'Allemand non blessé réveille ses camarades et les oblige à s'alimenter un peu. Avec l'aide de Kerry, maman soigne le lieutenant Wingate. Elle nous interdit de nouveau, à Claude et à moi, d'entrer dans la chambre : l'état de George ne doit pas être bien brillant. Le canon tonne toujours sur les côtes. Inquiètes, nous commençons à nous demander si le débarquement aura vraiment lieu, si les Alliés n'ont pas finalement décidé de sacrifier les parachutistes isolés en Normandie, « nos » parachutistes. Non, ce n'est pas possible. Ils ne peuvent pas abandonner leurs soldats, ils ne peuvent pas nous abandonner, nous qui les attendons depuis si longtemps.

Je vais à la pompe puiser de l'eau pour refaire du café. Maman va encore me gronder parce que je suis sortie. Tant pis : j'ai bien du mal à rester enfermée. Je n'ai pas l'habitude.

En passant près de la voie ferrée, j'aperçois tout au loin, en direction du PN 103, quelque chose de vraiment insolite. Une voiture automobile d'un genre très spécial vient vers nous en roulant sur les traverses. Les soldats assis à l'intérieur ne doivent pas être à l'aise. Secouée avec violence, la voiture cahote à chaque tour de roue. Je me demande bien comment les passagers peuvent tenir sur leur siège. D'étonnement, j'en ai laissé tomber mon seau. J'appelle maman, qui accourt. Elle sourit de me voir aussi sidérée. Elle, elle connaît ce genre de véhicule. Elle est même montée dans l'un d'entre eux.

— C'est une jeep. Elle est arrivée dans un planeur. Elle roule n'importe où, même dans l'eau. C'est bien pratique pour les soldats.

Pratique sûrement, mais alors quel inconfort ! Souriante, j'accueille les autres soldats qui sautent à bas de cet engin bizarre.

— *How are you, boys ?*

L'un des soldats me répond dans un français impeccable :

— Très bien, mademoiselle, ça va.

Maman l'entraîne dans la chambre, au chevet du lieutenant Wingate. Quelques minutes plus tard, l'Américain sort de la chambre :

— Je m'en occupe, madame. Je vais vous chercher ce qu'il faut tout de suite.

Puis, se tournant vers l'officier allemand, il lui dit poliment, mais d'un ton sans réplique, en français :

— Préparez-vous, monsieur. Dès mon retour, vous monterez dans ma jeep et vous me montrerez où sont les soldats de votre armée.

L'Américain part seul au volant de son engin, à toute vitesse, toujours sur la voie. À mon regard interrogateur, maman répond :

— Il va chercher des médicaments pour le lieutenant. La fièvre a encore monté, George délire un peu. Avec des médicaments, ça ira mieux.

Et elle ajoute, comme si elle voulait se rassurer.

— C'est sûr, qu'il ira mieux.

L'Allemand profite de ce qu'elle passe près de lui pour lui saisir la main.

— S'il vous plaît, madame, je voudrais écrire un petit mot à ma famille. Auriez-vous une feuille de papier et une enveloppe ?

Son regard si triste devient suppliant.

— Je vais mourir aujourd'hui, madame. Je sais que je ne reverrai jamais plus les miens.

— Quelle idée ! Vous n'avez pas fini de dire des choses pareilles ? Vous êtes en bonne santé, pour vous la guerre est finie. Alors pourquoi voudriez-vous mourir ? Votre femme ne serait pas contente, si elle vous entendait.

— Les Américains, tout à l'heure, vont m'emmener. Je sais ce que cela signifie pour moi.

— Vous dites n'importe quoi. Les Américains sont des

hommes d'honneur. Ils ne tireront pas sur un adversaire désarmé.

Maman a parlé fermement. Douloureusement, l'Allemand précise :

— Vous n'avez pas compris, madame. Ce ne sont pas les Américains qui vont me tuer.

Alors maman comprend. Elle cache son visage dans ses mains et s'écrie :

— Oh non, ce n'est pas possible ! Vous ne voulez pas dire que...

— Hélas, oui, madame.

Il sait, lui, que les Allemands qui le verront dans la jeep aux côtés des Américains vont le prendre pour un traître et l'abattre en priorité. À moins qu'ils ne fassent pas de différence et tirent d'office sur tout ce qui bouge. De toute façon, l'officier se sait perdu. Irrémédiablement.

— Voilà pourquoi je tiens à écrire une dernière fois à ma famille.

Posant sa main sur l'épaule de l'officier, maman soupire :

— Mon pauvre garçon, mon pauvre garçon, comme c'est bête, la guerre.

Je crois bien qu'ils pleurent tous les deux.

Je débarrasse vivement la table des tasses à café vides qui s'y trouvent encore, je la nettoie et j'apporte un bloc de papier à lettres et des enveloppes. L'Allemand se met à écrire. Par discrétion, Kerry et les autres soldats sont allés s'asseoir sur les marches de la cour. Après avoir achevé sa courte lettre, l'Allemand glisse dans l'enveloppe les photographies qu'il nous a montrées tout à l'heure. Il a dans son portefeuille une certaine quantité d'argent français. Il le tend à maman.

— En dédommagement, dit-il. Pour le dérangement que nous vous causons. Et, montrant les soldats allemands blessés : Pour eux.

Il aurait mieux fait de tourner sept fois sa langue dans sa bouche, le pauvre. Ma petite mère réagit très mal. Elle regarde l'officier avec hauteur et sévérité. Sa voix change du tout au tout.

— Gardez votre argent, monsieur. Je ne vous ai reçus sous mon toit, vous et vos compagnons, que par amour chrétien. Vos billets, pour moi, n'ont aucune valeur. Vous pouvez les garder.

L'Allemand est confus et stupéfait. Venant d'une femme dont la pauvreté saute aux yeux, ce refus catégorique le surprend et le trouble. Il balbutie :

— Je ne voulais pas vous offenser, madame. Pardonnez-moi. Promettez-moi d'envoyer à ma femme et à mes enfants la lettre que je vous confie.

Radoucie, maman promet. Elle prend la lettre et va la glisser dans son armoire, sous les draps. Elle y restera un an.

Pilotée de main de maître, la jeep revient en cahotant follement sur les traverses. Le soldat qui en descend se précipite sans attendre dans la chambre, au chevet de George. Il fait prendre au lieutenant, toujours aussi mal en point, deux petits comprimés grisâtres, dont il remet plusieurs boîtes à maman, après y avoir inscrit les doses à administrer. Puis, se tournant vers les deux Allemands allongés dans la cuisine :

— Vous pourrez leur en donner aussi. Ça ne les guérira pas, mais ils souffriront moins.

Ces paroles tombent dans un silence lourd, oppressant. Le moment est venu, nous le savons tous. Cet Américain si sûr de lui s'apprête à faire une folie. Il va risquer sa vie, celle de ses hommes et celle de l'officier allemand, qu'il considère comme son prisonnier.

Maman et moi, nous savons bien ce qu'il veut faire. Il l'a dit tout à l'heure à l'officier allemand : « Vous allez nous montrer où sont les soldats de votre armée. » Ce qu'il vise, c'est le château d'Amfreville et ses environs, le village et le clocher qui l'entourent. Il veut localiser exactement les positions ennemies.

À quoi bon ? Tout le monde sait qu'il y a à Amfreville une grosse garnison allemande. Tout le monde sauf cet Américain qui, comme saint Thomas, ne se fie qu'à lui-même.

L'officier allemand se lève, embrasse ses deux camarades, nous serre la main à tous et, sans dire un mot, monte dans la jeep.

— En route, dit l'Américain.

Non, nous ne pouvons pas laisser faire cela. Nous devons réagir.

Maman arrête le soldat américain. Et elle le supplie.

N'y a-t-il pas eu assez de morts ? Pourquoi prendre des risques inutiles ?

— Je vous dis la vérité, monsieur. Il y a une garnison complète à Amfreville.

Et elle montre le Grand Marais au bout duquel on distingue les hauts arbres qui masquent le château.

— Ils sont là, monsieur. Je vous en prie, ne faites pas cette bêtise. Vous allez tous vous faire tuer.

Impuissante, j'ai assisté à toute la scène. J'essaie moi aussi de convaincre l'Américain. Nous connaissons le pays, nous vivons depuis quatre ans sous l'occupation nazie. Lui, il vient d'arriver. Il ne connaît pas le terrain, il ne sait rien. Sans doute a-t-il son idée : connaître avec précision l'emplacement de chaque mitrailleuse ennemie. Seul moyen pour le savoir : s'en approcher au plus près. C'est une explication, qui vaut ce qu'elle vaut. Mais elle n'est pas convaincante.

Nous non plus, nous ne le sommes pas. L'homme nous regarde. C'est une véritable scène que nous lui faisons. Mais il n'en a cure. Il nous dit simplement :

— Nous sommes là pour faire la guerre.

C'est un soldat professionnel, un homme qui connaît son métier. Nous, nous ne sommes que de pauvres civils, une pauvre femme ignorante et une enfant. Que savons-nous de la guerre ? Pourquoi cet Américain nous croirait-il ? Il ne tient aucun compte de nos avertissements. Il veut aller voir par lui-même. Il va voir.

— En route, répète-t-il.

Coincé sur la banquette avant, entre deux soldats yankees, l'Allemand s'est retourné. Il jette sur notre maison un dernier regard, chargé de regret et d'angoisse. Lui, il sait tout : il pourrait dire avec précision, ici même, sauvant ainsi sa vie, où sont ses compatriotes, derrière quelle fenêtre, dans quelle maison ils se cachent.

Mais il est allemand. Et, contrairement à ce que lui a dit maman tout à l'heure, la guerre, pour lui, n'est pas finie. Pas tout à fait.

Bruit de moteur, les roues crissent. À toute allure, la jeep, avec ses cinq passagers, s'engage dans les eaux du Grand Marais. L'eau gicle de toutes parts. Jamais nous n'avons vu un tel spectacle.

La jeep a à peine fait une centaine de mètres que les Allemands ouvrent le feu. Les balles perdues viennent percuter avec violence la façade ouest de la maison. Ce n'est pas le moment de mettre le nez dehors. Un feu nourri d'armes automatiques nous balaie sans répit. Je grimpe au premier étage, et, de la fenêtre de ma chambre, un peu en biais, pour éviter de prendre une balle en pleine figure, je suis la progression de la jeep.

Le déluge de feu ne l'arrête pas. Elle roule, faisant toujours jaillir des gerbes d'eau de chaque côté du chemin surélevé qui va directement au château et qui, en période d'inondation, n'est recouvert que par environ cinquante centimètres d'eau. Arrivé au pont de la rivière de l'Isle, un petit affluent du Merderet, à l'endroit où le chemin noyé qui, jusque-là, filait tout droit vers Amfreville, tourne brusquement à gauche, le pilote freine pile. Les Américains sont trop près, maintenant. Les Allemands peuvent ajuster leur tir. Tous les hommes se jettent dans l'eau, à plat ventre.

Kerry maudit son pied qui le cloue ici, inactif, alors que ses camarades sont en train de se faire tuer. Il pleure de rage.

Nous aussi. Pourquoi ne nous ont-ils pas écoutées ? Pourquoi ont-ils tant tenu à cette mission suicide ?

— Bon Dieu de Bon Dieu, ils vont tous se faire massacrer !

Je me retourne. C'est le père, de retour des marais, il est venu me rejoindre dans ma chambre.

— Vous n'auriez jamais dû les laisser aller dans le coin.

Il me regarde, furieux.

— Ils n'ont pas voulu nous écouter, dis-je.

Il suit le combat avec ses jumelles. Puis, spontanément, il me les tend.

— Tiens, petite, regarde.

Je lui demande de me montrer comment on se sert de cet instrument tout nouveau pour moi. Ses doigts alors passent et s'arrêtent un instant devant mes yeux. Et je vois. *Incroyable, mais vrai : Papa Maurice n'a plus de peau à l'intérieur des mains.* Depuis soixante heures il navigue sans arrêt sur les marais. La peau de ses paumes est restée collée à la perche qui lui sert à manœuvrer sa barque.

Je n'ai plus envie de regarder le combat. Je sais où est mon devoir. Entraînant mon diable de père au rez-de-chaussée, je le force à s'asseoir. Je prépare des pansements pour ses plaies. Sur les petits doigts et sur la face interne d'un pouce, les os sont à nu : les muscles et la peau ont disparu. Peut-on encore parler de mains ? Pauvre Papa Maurice. Comme il doit souffrir ! Pourtant, il rouspète, comme s'il considérait tout cela comme secondaire. Lui panser les mains, le forcer à se laisser faire ne sera pas une besogne de tout repos. Mais je me montre intraitable. Je dois le soigner. Il ne peut pas rester ainsi, d'autant qu'il a terminé son travail de récupération dans les marais. Toutes les caisses sont stockées dans la cour. C'est le moment ou jamais de le soigner. À nous deux, mon petit papa. Lequel d'entre nous sera le plus têtu, le plus cabochard ? Tel père, telle fille. À partir de cet instant, je ne lui obéirai que si je le juge utile. Du sport en perspective. Je regarde le nerf de bœuf accroché contre le mur. Il ne me fait plus peur, plus du tout.

Croyant lui faire plaisir, je verse à mon brigand de père un grand bol de calvados. Fatale erreur : ce buveur invétéré n'a pas avalé une goutte d'alcool depuis lundi à midi. En plus, il n'a pas dormi et il n'a pratiquement rien mangé. L'effet de cette grande lampée de calva ne se fait pas attendre. Abruti de fatigue, assommé par l'alcool, Papa Maurice s'écroule comme une masse et perd complètement conscience.

Maman et moi, nous sommes trop faibles pour le porter. Nous le tirons, nous le traînons comme un vulgaire sac de pommes de terre et nous l'étendons sur une paillasse hâtivement installée sur le carrelage de la chambre. Nous ne lui retirons même pas ses bottes, qu'il a aux pieds depuis soixante-douze heures.

Il dort comme un bienheureux. Émue, je le regarde. Il en a trop fait, il est allé jusqu'à la limite de ses forces. Maintenant, c'est à nous de veiller sur lui.

— Tu es un héros, Papa Maurice. Et je t'aime.

J'ai chuchoté cette déclaration tout bas, près de son oreille. Il ne m'entend pas, bien sûr. Heureusement pour moi ! Le traiter de héros ! Il aurait été capable de me tordre le cou.

En proie à une forte fièvre, George Wingate somnole, « son » Papa Maurice tout près de lui. Quand ils s'éveilleront, tous les deux, ils seront heureux d'avoir passé quelques heures l'un près de l'autre.

Depuis le début, le lieutenant Wingate éprouve pour son « sauveur » une véritable adoration. Le père la lui rend bien. Les hommes sont de drôles de phénomènes. Qu'ont en commun cet officier étranger, venu d'au-delà des mers, et ce vieil ours mal léché ? Qui aurait pu croire que ce vieux gueulard bougonnant et brutal éprouverait pour un être humain une vénération aussi passionnée ? Décidément, les grandes personnes sont bien difficiles à comprendre.

Dès le matin du 6 juin, je me suis rendu compte avec stupéfaction qu'il existait entre mon père et le lieutenant des relations étranges. Une sorte d'amour, une affection sans bornes. En ce qui concerne le lieutenant, la gratitude avait joué dans le développement de cette adoration un rôle primordial. Mais Papa Maurice ? Quel déclic s'était fait dans sa tête ? Que s'était-il passé dans son cœur ? Nul ne pourra jamais le dire.

C'était un spectacle touchant. Dès qu'il apercevait le père, le lieutenant Wingate lui tendait les mains. Papa Maurice les prenait dans les siennes et ils restaient là, à se regarder, sans mot dire. Chaque fois qu'il rentrait, Papa Maurice jetait un coup d'œil rapide dans la chambre. Si « son blessé » allait bien, son visage rayonnait de joie. Si, au contraire, son état semblait empirer, il devenait sombre, renfermé. Le père savait que Wingate n'appréciait guère le calvados. Pour lui prouver son amitié, il lui apportait du café. Même s'il n'en voulait pas, George souriait, serrait les mains de Papa Maurice. Et ils se regardaient, encore, avec entre eux le bol de café fumant.

Nous sommes maintenant, maman et moi, les seules « maîtres » à bord. Papa Maurice a tout oublié : la guerre, ses épuisantes expéditions et sa fureur, lorsqu'il a su que nous n'avions pas su empêcher les soldats américains de se précipiter tête baissée au-devant des balles allemandes. Il ne verra pas la jeep qui revient aussi vite qu'elle était partie, avec seulement quatre hommes, passe devant notre maison sans s'arrêter et reprend à toute allure la direction du PN 103. Nous ne savons rien de ce qui s'est passé. Les Américains sont-ils blessés ? Cette mission absurde pour laquelle ils ont risqué leur vie a-t-elle réussi ? Et ce malheureux Allemand, qu'est-il devenu ?

La fusillade a cessé. Ce ne sera, hélas ! qu'une courte accalmie. La maison de maître Jean Leroux et celle des Cuquemelle fument encore. Une seule chose est sûre : à l'inverse de La Fière, Amfreville est toujours aux mains des Allemands. Au prix de combien de vies humaines ce hameau retrouvera-t-il sa liberté ?

Maman s'active autour des blessés. Le jeune Allemand, depuis qu'il a pris un des petits comprimés grisâtres que nous a remis le soldat américain, semble moins souffrir. Maman ne chôme pas. Elle va de l'un à l'autre, traverse la cuisine dans tous les sens. Elle se retrouve à un moment près de la fenêtre. Machinalement, elle regarde dehors.

— Viens voir, me dit-elle.

Elle a cru apercevoir, à trois cents mètres de la maison, une tête qui émergeait de l'eau. Je la rejoins. Pendant quelques minutes, nous fixons l'endroit où elle a cru discerner cette tête. Rien. Elle a dû se tromper. C'est bizarre, pourtant. Mieux vaut en avoir le cœur net. Intriguée, je monte dans ma chambre. De là-haut, la vue sur le marais est plus dégagée. J'aurai peut-être plus de chance.

Je colle mon nez à la fenêtre du premier étage.

— Tu as raison, maman, tu as raison !

Ce n'est pas une tête, que j'aperçois, mais une main, puis un bras, qui s'agitent au-dessus de l'eau. Un homme, là-bas, appelle au secours. Cet homme, c'est le malheureux officier allemand.

Quatre à quatre, je redescends les escaliers et je fais part à maman de ce que je viens de voir. Elle prend les jumelles et regarde à son tour, par la fenêtre de la cuisine.

— Tu as raison, ma fille. Et j'avais bien vu. Le pauvre homme est en train de se noyer.

Alors, sans ajouter un mot, n'écoutant que son courage, elle se précipite dehors et s'élance au secours de notre ennemi en détresse.

Elle a à peine franchi la barrière du Grand Marais que les Allemands recommencent à tirer dans notre direction. Heureusement, ils tirent de loin et leurs armes automatiques perdent toute précision. Je vois maman s'agenouiller et se pencher sur le blessé allongé dans l'eau. Rien à faire : malgré son aide, l'officier allemand n'arrive pas à se remettre debout. Ma petite mère s'acharne à le remorquer en direction de la maison. Péniblement, elle avance de quelques mètres. Puis elle renonce. N'y tenant plus, je cours la rejoindre. Me voyant venir, elle se met à hurler :

— Va-t'en, je t'en supplie ! Va-t'en, tu vas te faire tuer !

Je continue d'avancer. L'eau, qui m'arrive au-dessus des genoux, ralentit ma course. J'arrive enfin près de maman et du blessé, tout essoufflée. Plus de doute, à présent : la personne allongée là est bien le malheureux officier allemand qui, tout à l'heure, la mort dans l'âme, a suivi les Américains. Il est dans un état pitoyable. Une balle l'a frappé en pleine poitrine. Le sang bouillonne en grosses bulles qui viennent crever à la surface de l'eau avec un petit bruit sec, comme lorsqu'on perce un de ces ballons légers dont les enfants raffolent. Il n'y a pas besoin d'être bien experte pour se rendre compte que ce pauvre homme est dans un état désespéré. Mais peut-être reste-t-il encore un minuscule espoir ?

La première chose à faire, pense maman, serait d'arrêter cette hémorragie catastrophique. Mais avant toute chose, il faut soutenir la tête du malheureux hors de l'eau : il n'a plus la force de le faire lui-même. Le fait qu'il ait tenu aussi longtemps, qu'il soit encore vivant, tient déjà du miracle. Il a dû être blessé au pont de la rivière de l'Isle, au moment précis où nous avons vu les soldats américains sauter si vivement de la jeep, il y a environ trois heures. Trois heures ! Pendant trois heures, il a donc lutté, lutté encore, avançant centimètre par centimètre vers notre maison qui lui paraissait être le seul refuge possible. Malgré l'atroce blessure par où sa vie s'échappe petit à petit, il a gardé l'espoir d'arriver jusqu'à nous. Quel courage, quelle terrible leçon de courage !

Maman me fait agenouiller dans l'eau sur le genou gauche ; au-dessus de mon genou droit relevé, elle pose délicatement la tête du blessé.

— Je cours chercher une grosse serviette, dit-elle. En comprimant fortement la plaie, nous parviendrons peut-être à stopper le flot de sang. Reste ici. Je crois que nous ne risquons rien pour l'instant. Les soldats d'en face ont dû nous observer à la jumelle et s'apercevoir que nous tentons de sauver l'un des leurs. S'ils ont deux sous de bon sens, ils ne nous tireront pas dessus.

Elle se précipite vers la maison et en revient aussitôt avec la plus grosse serviette qu'elle ait pu trouver. Elle dégrafe la chemise rouge de sang et applique sur la blessure la serviette pliée en six. L'officier, dont le visage blêmit à vue d'œil, s'anime un instant. Il soulève péniblement les paupières et nous regarde intensément. Une plainte, une prière, plutôt, sort de ses lèvres.

— J'ai soif, j'ai tellement soif...

J'ai peine à croire qu'on puisse avoir soif en étant entièrement immergé dans l'eau. Maman s'est agenouillée et me relaie pour soutenir la tête du mourant. À nouveau libre de mes mouvements, je cours à mon tour vers la maison, je prépare à toute vitesse un café très fort et je repars vers le marais. Maman avait raison : ceux d'en face ne nous tirent plus dessus. C'est toujours ça de gagné. Le blessé boit par petites gorgées le café que maman fait glisser entre ses lèvres. Soudain, elle a une idée :

— Si nous pouvions lui faire avaler une des pastilles que nous a remis l'Américain, cela le soulagerait peut-être...

Je retourne une fois de plus à la maison. Papa dort toujours, anéanti par ses soixante-douze heures de navigation dans les marais. Kerry s'est allongé près de George. Il souffre davantage que ce matin, mais il serre les dents. Dans la cuisine, le jeune Allemand gémit par intermittence. Sans se lasser, petit Claude rafraîchit le front de

George avec des compresses humides et froides. Il a bien changé, en deux jours. Le petit garçon espiègle et rieur est devenu grave, silencieux. La mort, la souffrance, tout cela n'est pas de son âge. Il ne sourit plus.

Je trouve sans peine les petites boîtes de comprimés dont maman a besoin. J'embrasse très fort mon petit ange de frère et je repars. L'eau est toujours aussi froide. Agenouillées comme nous le sommes, elle nous arrive à la taille. Nous grelottons. Nous savons maintenant que nous ne sauverons pas l'officier. La serviette-éponge est gorgée de sang et l'hémorragie continue. Les efforts violents et désespérés que l'homme a faits pour parvenir jusqu'ici l'ont définitivement condamné, s'il ne l'était pas déjà. Son poumon perforé lui donne une respiration sifflante et douloureuse. Maman a une autre idée : le père a transporté le lieutenant Wingate sur l'échelle. Nous pourrions peut-être essayer. Au sec, allongé près de ses camarades, l'officier serait tout de même mieux pour mourir.

Aussitôt dit, aussitôt fait. Maman court une nouvelle fois vers la maison, en revient avec l'échelle. Hélas, l'Allemand est dix fois trop lourd. À lui seul, il fait bien deux fois notre poids. Malgré tous nos efforts, nous n'arrivons pas à le glisser sur ce brancard improvisé. Je rage de me sentir si fluette.

Les pastilles antidouleur commencent à faire leur effet. L'Allemand semble moins souffrir. À nouveau, je m'agenouille dans l'eau. Maman va remettre l'échelle à sa place. Cette fois-ci, elle ne revient pas : elle a décidé d'aller en barque jusqu'au hameau le plus proche. Peut-être trouvera-t-elle là-bas quelqu'un qui acceptera de venir nous aider ?

Me voilà seule au milieu des marais, avec la tête de l'officier allemand sur le genou. Un instant, le soleil perce les nuages et vient éclairer d'une lueur rose le visage du mourant. Le soleil... Il y a si longtemps que nous ne l'avons pas vu ! Il existe donc encore ? Mais il disparaît bien vite. Il ne reste que le ciel gris, l'eau calme des marais et le silence, qui, lui non plus, ne dure pas. Car, tout autour de nous, on se bat.

Le soldat allemand respire moins difficilement. Il ouvre les yeux, me regarde.

— Ça va aller, maintenant, dit-il d'une voix faible. Je ne souffre plus. Silence. Puis il reprend : Pourquoi restez-vous auprès de moi, petite fille ? Si votre mère soigne les blessés, elle le fait par amour chrétien, elle me l'a dit elle-même. Mais vous ? Vous êtes bien trop jeune pour savoir ce qu'est la charité chrétienne. Alors ?

— Ne parlez pas, monsieur, vous vous fatiguez.

— Non. Grâce aux médicaments que m'a donnés votre mère, ma douleur s'en va. Je vais bien. C'est bon de ne pas souffrir, même un court instant. Je vous en prie : répondez à ma question. Pourquoi êtes-vous là ? J'aimerais tant le savoir...

— Je veux bien vous le dire, mais à une condition : vous ne parlez plus et vous restez calme en attendant le retour de maman. Je suis près de vous d'abord parce que j'ai vu ma mère en difficulté. Elle essayait de vous transporter. Comme elle n'y arrivait pas, j'ai pensé que je pouvais être utile. Mais, en y réfléchissant bien, il y a autre chose. J'ai une dette envers le Bon Dieu. Alors je la paye.

— Une dette envers le Bon Dieu ? Oh, vite, racontez-moi cela.

De nouveau je lui ordonne de se taire, en lui disant que je lui ferai les gros yeux s'il ne m'obéit pas. Je le menace de ma main ouverte. Alors il sourit. Je trouve cela extraordinaire. Voilà un homme perdu, pratiquement vidé de son sang, qui va mourir d'un moment à l'autre et qui le sait. Pourtant, parce qu'une gamine menace de lui faire les gros yeux, il a envie de rire. Décidément, il me reste encore bien des choses à apprendre sur les grandes personnes.

Je lui rends son sourire.

— C'est entendu, lui dis-je, je vais tout vous raconter, mais, je vous en supplie, ne parlez pas.

Pourquoi le lui refuserais-je ? Mes histoires lui feront peut-être oublier sa souffrance. Le temps passera moins lentement.

— Taisez-vous, je vous en prie. Votre sang s'écoule tellement plus vite, lorsque vous parlez...

D'un clignement d'yeux, il me fait comprendre qu'il est d'accord.

— Voilà, monsieur. Un soir, en sortant de l'école, j'avais très faim. J'ai toujours faim. Je me demande d'ailleurs comment une fille aussi maigre que moi peut manger autant...

C'est vrai, j'avais faim. Ce soir-là, à la sortie de Sainte-Mère-Église, devant la maison de M. Delœuvre, je vis un soldat allemand qui mangeait une tartine de pain beurré. Je m'arrêtai pour le regarder avec des yeux pleins d'envie. Ce soldat devait être cuisinier. Il comprit à l'expression de mon regard que j'avais l'estomac creux et me fit signe de le suivre. Nous entrâmes dans le garage de M. Delœuvre, que les Allemands avaient transformé en cuisine. Ça sentait tellement bon dans cette cuisine ! Le soldat me fit asseoir et me servit un énorme goûter auquel je fis honneur sans me faire prier. Lorsque je le quittai, il me serra la main, comme si j'avais été une grande personne. J'étais ravie. C'est tellement bon de manger quand on a faim, et tellement agréable d'être traité avec dignité ! Désormais, le soldat me guetta tous les soirs devant la grille de sa petite cour. S'il était seul, il me faisait signe d'entrer. Un goûter tout prêt m'attendait. Le soldat allemand ne savait qu'inventer pour me faire plaisir. Nous n'échangions pas une parole : il ne parlait pas un mot de français. Il se contentait de s'asseoir en face de moi et de me regarder manger, sans bouger. Peut-être avait-il dans son pays une petite sœur de mon âge qui me ressemblait ? Je n'en saurai jamais rien.

Ce petit manège aurait pu durer longtemps. Hélas, les meilleures choses ont une fin. Un soir, j'étais tranquillement assise, comme d'habitude, en train de goûter, le soldat cuisinier en face de moi, lorsque nous entendîmes, sur la route, un bruit de bottes qui venait dans notre direction. Affolé, le pauvre soldat me fit signe de me cacher dans le bas d'un placard dont les étagères supérieures servaient de réserve à pain et les étagères inférieures de réserve à farine. Il me fit m'agenouiller entre deux sacs de farine et me couvrit la tête d'un autre sac, vide celui-là. Ce placard avait une particularité : il s'ouvrait en deux dans le sens de la largeur, mais seulement à mi-hauteur. Le soldat me fit comprendre qu'il me fallait rester là sans faire le moindre bruit. Je m'accroupis donc au fond du placard, recouverte par le sac vide.

L'Allemand qui venait d'arriver ouvrit la porte supérieure, passa la tête et jeta un coup d'œil dans le haut du placard. En bas, j'essayais de dominer la peur qui me faisait trembler. Je fis alors une promesse au Bon Dieu : je lui promis que si je n'étais pas découverte, je trouverais bien le moyen de lui prouver un jour ma reconnaissance. L'officier allemand ne me découvrit pas. Il repartit et le soldat cuisinier me fit sortir du placard. Mais lui aussi avait eu peur. Il ne me laissa plus entrer dans sa cuisine. Il trouva quand même le moyen de me gâter. J'avais un sac à dos en guise de cartable. Le soldat me montra comment, mine de rien, m'appuyer contre la grille. Lui, il glissait directement dans mon sac, à travers les barreaux, tantôt une boule de pain, tantôt un gâteau. Il me ravitailla ainsi pendant plusieurs semaines. Puis, un soir, j'attendis en vain. Le soldat cuisinier ne vint pas. Il ne vint pas davantage les autres jours. Je ne l'ai plus jamais revu.

— Voilà, monsieur. Un de vos compatriotes m'a un jour donné du pain, alors que j'avais faim. Aujourd'hui, je vous donne un peu de mon temps. Je suis sûre que le Bon Dieu est content.

Le soldat sourit. De temps à autre, j'essuie sa bouche, d'où sort du sang, avec la manche de ma grosse veste de laine. Je lui demande de nouveau s'il a mal. Il ferme les yeux et répond d'une voix presque normale :

— Non, les pilules que m'a données votre mère ont complètement gommé ma souffrance.

« Gommé » ma souffrance... C'est la première fois que j'entends une telle expression. Aujourd'hui encore, je m'en souviens. L'officier parlait un français parfait, sans accent, avec une préciosité à laquelle je n'étais pas habituée. Il était serein et calme ; persuadé qu'il allait mourir, il acceptait son sort et j'étais là pour l'adoucir.

— Racontez-moi autre chose, me dit-il.

Alors je lui racontai une autre histoire, peu édifiante. J'avais commis ce jour-là un « gros péché ».

— Un gros péché, vous ? Je ne vous crois pas.

— Si. Le père Roulland m'a même dit, lorsque je me suis confessée, que j'irais droit en enfer si je recommençais.

L'homme sourit encore, ferme les yeux. Il veut entendre l'histoire. Je prends ma respiration et je commence. C'est une histoire toute simple qui, en temps normal, n'aurait intéressé personne, une histoire de petite fille.

C'était un peu avant Noël. Je prenais alors mes repas de midi chez une vieille dame très gentille qui habitait tout à côté de l'école. Cette dame logeait un officier allemand, un grand et bel homme qui ne parlait pas un mot de français. Un peu avant Noël donc, cet officier reçut d'Allemagne un colis rempli de bonnes choses sucrées : bonbons, fruits confits, noisettes en sucre, des tas de gâteries dont nous n'avions plus l'habitude en France. Le tout tenait dans une boîte décorée d'un joli sapin de Noël en couleurs. C'était magnifique.

L'officier me fit spontanément cadeau de la boîte et de son contenu. Ravie, je rentrai le soir à la maison en tenant mon trésor contre mon cœur. Je m'étais juré de ne pas y toucher. Je voulais faire une surprise à toute la famille. Mais la route était longue, il faisait froid. Je me dis : « Je vais goûter un bonbon, un seul. » Et puis, de fil en aiguille, presque sans y penser, je croquai tout le contenu de la boîte, ou à peu près. Furieuse, ma mère m'obligea à aller confesser ce péché de gourmandise !

— Et le père Roulland me menaça de l'enfer. Aujourd'hui, je sais qu'il m'a menti. Je n'irai pas en enfer. Ça, j'en suis certaine.

— Comment en êtes-vous sûre ?

— Je n'irai pas en enfer pour une raison toute simple, monsieur : vous et moi nous y sommes déjà, en plein dedans. Alors toutes ces histoires de feu éternel où le Bon Dieu nous fera rôtir tous crus, ça ne tient pas debout.

— Expliquez-moi cela, me dit l'officier allemand.

Et la « conversation » se poursuit, au milieu des marais, sous le ciel bas. Ni lui ni moi ne sentons l'eau froide. J'essuie toujours, de temps à autre, sa bouche ensanglantée ; il m'écoute et me répond le plus souvent les yeux fermés, la tête toujours posée sur ma cuisse. Nous avons tous les deux l'impression de nous connaître depuis bien longtemps.

En cet instant, je me livre entièrement. Je confie mes doutes, mes révoltes et mes certitudes à cet inconnu, à cet « ennemi » qui va mourir. Il m'écoute et, paradoxalement, c'est lui qui m'encourage et me console. Je lui dis :

— Jésus nous demande de nous aimer les uns les autres. Eh bien, ça n'a pas l'air tellement réussi, cette affaire-là. Il nous a dit aussi : « Si vous m'aimez, vous ferez les œuvres que je fais. » Là non plus, ça ne tient pas debout. J'aime Jésus de toutes mes forces, et pourtant je ne suis même pas capable de vous aider à vous mettre debout pour vous emmener au chaud dans la maison. Si Jésus était là, Il nous aiderait. Mais je crois bien qu'Il ne pense pas à nous.

— Vous vous trompez, petite fille, il ne nous abandonne pas. Mais ce n'est pas son projet que je guérisse, ni même que je m'endorme chez vous, auprès de mes camarades. Il a mieux que cela à m'offrir. Plus tard, vous comprendrez, et vous verrez que j'ai raison.

Peut-être. Il y a tellement de choses que je ne comprends pas, tellement de choses qui m'indignent ! Maman me dit toujours que je raisonne trop : le Bon Dieu, ajoute-t-elle, veut d'abord de la confiance et ensuite, ensuite seulement, du raisonnement. Mais je suis comme saint Thomas, j'aime bien voir les choses avant de me faire une idée. Maman, elle, croit tout ce qu'on lui dit au sujet de Dieu. Je ne suis, quant à moi, sûre que d'une chose : je l'aime, le Bon Dieu. Mais j'aurais quand même deux ou trois choses à lui dire. Pourquoi ne vient-Il pas nous aider ? Si Jésus arrivait maintenant, là, dans les marais, je lui dirais : « Ah vous voilà ! Ce n'est pas trop tôt. Aidez-moi à transporter ce blessé et dépêchez-vous de le guérir ! »

— Vous n'auriez pas peur de le fâcher ?

— Pourquoi ? Lui aussi a mauvais caractère ! Rappelez-vous la corde qui Lui servit de fouet pour chasser les marchands du Temple. J'aurais bien aimé voir ça ! C'est un peu pour cela que j'aime Jésus : parce qu'il n'était pas commode. Un caractère toujours aimable, toujours souriant, à la longue, ça doit être monotone.

— Vous avez raison, petite fille. Si vous aviez une grâce à demander à Jésus, que demanderiez-vous ?

Baissant la tête, je regarde le visage livide de l'officier.

— Une grâce ? J'aimerais poser mes mains sur votre poitrine et dire : « Mon Dieu, je vous aime. Au nom de cet amour, faites que cet homme guérisse. »

L'Allemand sourit.

— Ce serait bien, dit-il. Puis : quelle autre grâce demanderiez-vous ?

Sans hésiter, je réponds :

— La jugeote.

— La jugeote ? Qu'est-ce que c'est ?

Je le lui explique. Il ne peut pas connaître tous les mots familiers que nous employons entre nous.

— Je vois, dit-il. Vous voulez parler de la sagesse.

— Je voudrais aussi conserver toujours ce que j'ai déjà : l'amour des arbres et des oiseaux, ma passion pour l'orage et le brouillard.

— Pourquoi aimez-vous le brouillard ?

J'essaie de lui expliquer maladroitement pourquoi le brouillard qui flotte au-dessus des marais me fascine tellement. J'aime le brouillard parce qu'il me cache quelque chose. Ici, au-dessus des eaux, il ne se lève pas souvent. Il flotte en permanence, comme un voile doux et léger. Quand il s'atténue et que le soleil, un instant, perce les nuages, on dirait que, du haut du ciel, Dieu nous envoie un sourire. Les rayons de lumière qui viennent frapper la surface de l'eau ressemblent alors à la rampe d'un escalier invisible. Il suffit de chercher cet escalier pour arriver droit aux pieds du Bon Dieu.

— Vous trouverez cet escalier, petite fille, j'en suis sûr.

— Je sais. Mais il faudra que je me corrige d'abord. Je suis tellement cabocharde, et tellement distraite !

L'Allemand rit.

— Vous avez toute la vie pour vous corriger.

— Oh, pas si sûr ! La guerre, ici, ne fait que commencer. Nous pouvons nous retrouver au Ciel plus tôt que prévu.

— C'est vrai ; nous ne sommes en sécurité nulle part.

— Tant pis. Dieu nous prendra comme nous sommes. Après tout, c'est Lui qui nous a faits. Il ne sera pas surpris.

— Vous demandez la sagesse, mais je crois bien que vous l'avez déjà.

Il esquisse un nouveau sourire. Je lui parle alors de mes espoirs, de ma voix qu'on dit si belle, de mon envie permanente de chanter ; envie qui, aujourd'hui, a disparu, pour la première fois de ma vie. C'est sûrement à cause de la guerre. Les oiseaux, eux non plus, n'ont pas envie de chanter.

L'Allemand me demande de lui fredonner quelque chose. Je lui réponds que ce n'est pas possible. Ici, dans l'eau glacée, ma voix va grelotter. Ce sera pitoyable. Et puis, vraiment, je n'en ai pas envie.

— C'est dommage, vous m'auriez fait tellement plaisir. Mon dernier plaisir sur terre.

Il ouvre les yeux, me demande si j'ai froid. Il s'excuse : sa tête sur ma cuisse et ses épaules entre mes bras doivent peser bien lourd.

— Vous devez être complètement ankylosée.

— Oui, mais c'est supportable.

Si j'osais, je lui dirais que j'ai l'habitude d'être à genoux et que son corps ne pèse guère plus lourd que les briques de mon vieux diable de père. Mais à quoi bon ? Je décide plutôt, pour lui faire plaisir, de chanter quand même. Je lui demande ce qu'il veut entendre : une chanson gaie ou une chanson triste ?

— Une chanson triste. Mieux encore, chantez-moi celle que vous avez apprise en dernier.

— Vous allez être content, c'est une chanson triste.

Je toussote un peu pour éclaircir ma voix et je commence à fredonner, tout bas d'abord, puis plus fort. Malgré le froid, malgré l'eau qui clapote contre ma poitrine, malgré l'ankylose qui me gagne, je chante. En quelques secondes, le miracle s'accomplit, j'oublie tout ce qui nous entoure : l'affreuse bataille qui se déroule non loin de nous, le fracas du canon, l'absence de maman qui peut avoir été tuée en allant chercher du secours, la peur, le froid, les balles perdues qui, de temps à autre, sifflent autour de nous. Je chante.

Pour moi, petite fille de onze ans, cet homme qui meurt entre mes bras devient un enfant qu'il faut endormir. Ma voix, cette voix cristalline et extraordinaire s'élève et vibre au-dessus des marais.

Petit papa chéri
Qui es en paradis
Vois ton enfant tout seul dans la souffrance
Demande à Dieu sa délivrance...

Le soldat écoute, les yeux fermés, mais je sais qu'il ne dort pas. Je continue à chanter :

Son cœur est déchiré
De souffrir, de pleurer
Petit papa chéri
Prends-moi
Prends-moi tout près de toi.

— Je m'excuse, monsieur, mais maman ne m'a pas encore appris la chanson complète.

— C'est votre maman qui vous apprend à chanter ?

— Oui, nous chantons souvent ensemble le soir. Elle aussi a une jolie voix. Elle me copie les paroles et je les apprends sur le chemin de l'école. Le soir, je les sais. Ainsi le temps paraît moins long. Ces chansons nous aident à supporter pas mal de choses.

— Je n'ai jamais entendu une voix aussi belle que la vôtre. Votre avenir est assuré. S'il vous plaît, chantez m'en une autre.

— Elle est très longue, je vous préviens.

— Ne vous inquiétez pas. Le Bon Dieu me laissera bien le temps de l'entendre jusqu'au bout.

— C'est une chanson sur la guerre.

Je fredonne quelques instants pour me remettre en condition. Ma voix s'élève à nouveau. Mais cette fois, je sais que je vais pleurer. La chanson est trop triste ; et, lorsque je chante, je visualise tellement les paroles que certaines des images qui se forment alors dans mon esprit deviennent pour moi insoutenables.

C'était un soir dans une chambre rose
Un frais bambin dormait dans son berceau
Il souriait de ses lèvres mi-closes
Car dans son rêve il voyait un drapeau.

Je continue à chanter. Le petit enfant demande à sa mère des nouvelles de son père.

Dis-moi maman où est donc petit père ?
Est-il déjà parti pour les combats ?
Car moi aussi je voudrais faire la guerre
À mon pays offrir mes petits bras.

Je ne pleure toujours pas. Puis :

Quand tout à coup arrive dans la clairière
Son pauvre époux qui tout couvert de sang
Vient tomber mort auprès de sa chaumière
Près de son fils qui pleure maintenant.

Incapable de continuer, je m'arrête. Dans le couplet suivant, l'ennemi vainqueur tue aussi la mère de l'enfant. Ce couplet-là, jamais je ne suis arrivée à le chanter. J'essaie d'expliquer à l'officier allemand ce que j'éprouve. Il insiste.

— Sautez ce couplet et continuez. Je vous en prie. Pour moi.

Je termine la chanson. Vingt ans plus tard, l'orphelin devenu adulte se recueille devant la tombe de ses parents.

Du grand réveil il n'est pas l'heure encore
Dit l'orphelin à ses parents chéris
Dormez en paix, dormez jusqu'à l'aurore
Je serai là pour venger le pays.

Les larmes roulent sur mon visage. L'officier, lui aussi, est ému.

— Dans la vie, lui dis-je, tout se passe comme dans la chanson. Un homme se fait tuer ; vingt ans plus tard, son fils se fera tuer à son tour et on ne sait même pas pourquoi.

— Vous avez raison, la guerre est partout. Même les femmes et les enfants ne sont plus en sécurité nulle part.

Je prends brusquement conscience qu'il ne pense plus à ma chanson mais aux deux enfants dont il nous a montré la photo ce matin. Je ne sais quoi lui répondre. Il est soudain secoué de frissons. Je lui pose une question idiote. Le pauvre homme est immergé depuis bientôt sept heures dans l'eau glacée et je ne trouve rien d'autre à lui dire que :

— Vous n'avez pas trop froid ?

Comme si je pouvais y changer quelque chose.

Il me répond :

— Ça n'a plus d'importance, maintenant. Ne vous faites pas de souci pour moi, mon petit.

Inquiet, il ajoute :

— Est-ce que votre maman va revenir ?

— Bien sûr. Elle est partie avec la barque chercher un homme fort qui vous transportera jusque dans la maison. Elle n'a pas l'habitude de manœuvrer la barque et le hameau le plus proche est loin. Il lui faut du temps.

— Je sais, elle s'est donné beaucoup de mal. Mais elle ne trouvera personne pour porter secours à un soldat ennemi.

— Qu'en savez-vous ? Les Normands sont de braves gens. Et un blessé est un blessé, quel que soit son uniforme. Vous n'avez pas le droit d'en douter.

— Inutile d'avoir de fausses espérances, petite, vous êtes isolées, toutes les deux. Vous ne pouvez rien pour moi. Vous avez déjà risqué votre vie pour me porter secours. Que puis-je demander de mieux ?

Il a dit : « Vous deux. » Je réalise brusquement qu'il ignore que j'ai un père, un père fort et solide qui, s'il était en état de le faire et s'il le voulait, pourrait venir nous aider. Papa Maurice était dans sa barque, sur les marais, lorsque cet homme est arrivé chez nous. À aucun moment ils ne se sont rencontrés. J'aime mieux ça. Je ne me serais pas sentie à l'aise pour dire à ce mourant que mon père, même si on l'avait supplié à genoux, n'aurait pas levé le petit doigt pour lui sauver la vie. Il est « de l'autre bord ». Pour lui, la charité chrétienne ne veut rien dire. Pour les Allemands d'en face non plus, d'ailleurs. Ils continuent à nous observer. Il ne leur aurait pas fallu plus d'une heure en barque pour venir récupérer celui qui meurt serré contre moi. Ils n'auraient couru aucun risque : les parachutistes, maintenant, sont loin. Il n'y en a plus un seul sur les marais. Pourtant, les Allemands ne sont pas venus.

Dans les terres, la canonnade se poursuit. La bataille doit être féroce, sanglante. La guerre, tout autour de nous, continue. Je regarde pensivement « mon » blessé. J'essaie de lui sourire mais le cœur n'y est pas. Je ne peux rien pour lui, je ne peux pas empêcher son sang de s'écouler, je ne peux pas empêcher sa vie, petit à petit, de s'en aller. Et puis je commence à être sérieusement inquiète. Maman est partie depuis si longtemps... Pourvu, mon Dieu, qu'il ne lui soit rien arrivé de grave !

Le blessé semble s'assoupir un instant. Il pèse plus lourd sur mon genou et sur mon bras. Un sursaut le secoue. Il ouvre les yeux et s'écrie :

— Votre maman ! Votre maman !

— Elle vient, monsieur, elle vient.

J'ai dit cela sans savoir : je tourne légèrement le dos à la barrière. Mais, en regardant par-dessus mon épaule, j'aperçois effectivement ma petite mère qui traverse les voies en courant. Je suis soulagée : si elle court, c'est que tout va bien.

— Dites-lui, surtout, de ne pas oublier la lettre.

— Soyez sans crainte, elle ne l'oubliera pas. Reposez-vous, elle arrive.

Maman court aussi vite que l'eau le lui permet. Trop tard : le blessé a un dernier sursaut. Il a fini de souffrir. L'ange miséricordieux de la mort a définitivement clos ses paupières. Je reste comme je suis, à genoux, la tête du cadavre sur ma cuisse, sans bouger. À nouveau, un rayon de soleil perce les nuages. Les gouttes d'eau que les vaguelettes déposent sur le visage de l'officier mort s'irisent un instant et lui donnent durant quelques secondes une étrange beauté.

En arrivant près de moi, maman comprend que l'Allemand a cessé de vivre.

Nous avons parlé, tous les deux, pendant plus de deux heures. Et entre le moment où maman a apercu son bras hors de l'eau et l'instant où il est mort, cinq heures ont passé. Elle a été longue, cette « conversation ». L'Allemand l'entretenait, il la relançait sans cesse. Je suivais, soucieuse de distraire son attention, pour qu'il meure paisiblement, sans le savoir.

La mort, chez nous, fait partie de la vie. C'est quelque chose de simple, de logique. Un homme vit, et puis il meurt : rien de plus naturel. Voilà pourquoi j'ai pu rester agenouillée pendant deux heures, à parler sans gêne ni anxiété avec un agonisant.

Il m'a bien aidée, il faut le dire, car lui non plus n'avait pas peur.

Passant ses deux mains sous la nuque de l'officier,

maman le soulève délicatement et le laisse glisser au fond de l'eau. Je tente alors de me relever. Mais je suis tellement ankylosée que je ne peux plus bouger. Il faut que maman m'aide, comme si j'étais paralysée. Elle m'entraîne vers la maison. Mes vêtements sont trempés, l'eau et le sang s'y mêlent. Nous avons besoin de nous laver, de nous changer, de nous sécher et surtout de nous réchauffer. Après cette interminable agonie, la maison chaude et silencieuse nous semble un havre de paix au milieu de la tourmente.

Je suis triste. Maman m'entoure les épaules de ses bras.

— Ce qui compte, ma petite Geneviève, c'est d'avoir essayé. Il était trop gravement blessé. Pauvre homme... Lorsque la guerre sera finie, nous enverrons sa lettre à sa famille.

Oui, nous l'enverrons. C'est tout ce que nous pouvons faire pour celui qui gît à présent au fond du marais, pour cet ennemi qui, pendant quelques heures, fut plus proche de moi que n'importe qui d'autre.

Nous entrons dans la maison. Claude, aussitôt, nous fait fête et vient se blottir sur les genoux de maman.

— Est-ce que tu vas à la Bergerie, ce soir ? J'ai été tout seul tout l'après-midi, avec les blessés. C'est long, tu sais.

Maman le serre sur son cœur. Oui, le temps a dû paraître long à ce bambin transformé, le temps d'un interminable après-midi, en garde-malade. Maman hoche la tête. Elle restera ici ce soir, elle n'ira pas à la Bergerie. Francis, là-bas, traira Blanchette. Au 104, nous avons à peu près tout ce qu'il faut pour préparer des repas acceptables ; il nous reste assez de lait et de pain. Le pain, nous l'achetons le dimanche matin pour toute la semaine à venir. Nous n'en manquerons pas avant plusieurs jours.

Le lieutenant Wingate appelle doucement. Maman se précipite. N'osant entrer, de peur de réveiller Papa Maurice et de me faire gronder, je demande :

— Est-ce que je peux être utile, maman ?

Elle me répond « chut » et me fait venir. Le lieutenant a moins de fièvre. Les médicaments antidouleur ont fait leur effet. Il a pu se reposer et son état s'est amélioré. Mais ce n'est qu'une accalmie. L'Américain qui nous a donné ces médicaments nous a bien dit que les blessés souffriraient moins mais ne guériraient pas.

Maman débande la jambe blessée. C'est la première fois que je vois une plaie de ce genre en cours d'évolution. Je me retiens pour ne pas hurler. Quelle horreur, mon Dieu, quelle horreur ! La jambe est gonflée, prête à éclater. Elle est violette, tuméfiée, verdâtre, putride et nauséabonde. J'apporte la bouteille de calvados. Maman nettoie doucement les déchirures. Le lieutenant serre les dents. Je n'ai plus de pansement ; le drap que nous avons découpé hier soir a été entièrement utilisé. Maman enjambe la paillasse sur laquelle Papa Maurice dort à poings fermés, ouvre l'armoire sans bruit et me tend une paire de draps. Me souvenant de la démonstration qu'a faite hier ma petite mère, je découpe silencieusement les bandes de tissu. Maman refait un pansement propre. Je ramasse dans un carton les bandes souillées ; au moment de les jeter, l'idée me vient que si cette méchante guerre continue encore longtemps, nous manquerons de pansements. Nous avons deux blessés dont nous devons renouveler les pansements tous les jours, et même, parfois, plusieurs fois par jour. Et nous ne sommes pas riches en draps.

Prenant une brusque résolution, je mets une petite lessiveuse d'eau à chauffer. Dans l'âtre, le feu chauffe très vite. J'emporte ensuite l'eau chaude dans le cellier qui nous sert aussi de buanderie. Après avoir fait fondre de la poudre de lessive dans l'eau, j'y fais glisser un à un les pansements souillés. Le dégoût me soulève le cœur. J'ai du mal à surmonter ma répugnance : le sang coagulé et le pus visqueux me donnent la nausée. Mais il faut tenir. Je tiens bon et je continue mon ouvrage, brassant énergiquement, avec un bâton, les morceaux de toile dans la lessiveuse.

Après un long moment de ce traitement, le linge est déjà moins souillé. Je le sors de l'eau, je vide la lessiveuse et je la rince abondamment. Je remets le tout à bouillir sur le feu, non plus avec de la lessive, mais avec de l'eau de Javel. Maman sort de la chambre, une lampe à pétrole allumée à la main, et me demande ce que je fais. Je le lui explique. Alors, par précaution, elle relave elle-même, un à un, tous les pansements, les frotte énergiquement avec une brosse de chiendent et les remet longuement à bouillir. Tard dans la soirée, je les rince, je les essore et je les étends au grenier. Dès demain, nous pourrons à nouveau les utiliser. En procédant ainsi chaque jour, nous ne manquerons pas de pansements, si toutefois on peut appeler « pansements » ces morceaux de toile rude, rêche et inusable.

Autour de nous, la guerre fait rage. Nous sommes coupés du monde, tels des naufragés, des survivants, plutôt. Pour combien de temps ? Comme si nous étions les seuls rescapés d'un effroyable cataclysme, nous sommes obligés de nous contenter des moyens du bord. Hélas, nous possédons si peu... Misérable, insupportable pauvreté, qui nous empêche même d'être charitables ! Il me faudra des années pour comprendre que la charité n'a rien à voir avec la valeur de ce qu'on donne. Car quand il ne reste plus rien, on peut encore partager avec les autres son temps et sa joie de vivre.

Maman a préparé le dîner pour tout le monde. Elle m'a chargée de faire manger le jeune Allemand dont la blessure semble moins saigner. Demain, si elle le permet, j'irai dans les marais cueillir de la benoîte et nous lui ferons, avec cette plante, un pansement qui activera sa cicatrisation. J'explique mon idée au jeune Allemand en le faisant manger. Il m'écoute poliment, sans comprendre un traître mot de ce que je dis. Il doit me trouver bien bavarde. Mais j'obtiens quand même un beau sourire lorsque, son repas terminé, je m'approche de lui avec un gant de toilette imbibé d'eau de Cologne. Je lui frotte les joues avec tant d'énergie que son teint se met à ressembler à celui d'un ivrogne. Puis je lui tends un miroir. Il se regarde, étonné d'être encore en vie. Sa barbe de blondinet n'a guère poussé.

Le vieil Allemand vient prendre son repas avec nous, à table. Celui-là me fait vraiment peur et j'ai hâte de le voir partir. Je ne sais toujours pas pourquoi. Papa dort. Maman décide de ne pas le réveiller avant demain matin. Une journée et une nuit de repos le remettront d'aplomb. Nous organisons une veillée, comme en hiver. Il est vrai que le temps est tellement moche qu'on pourrait se croire à la mauvaise saison. Claude et Kerry disputent une grande partie de dada, maman s'attaque à quelques travaux de couture en retard. Ne sachant pas trop quand je retournerai en classe, si j'y retourne un jour, je jette un coup d'œil sur mes livres et mes devoirs. Mais le cœur n'y est pas.

Avant de monter me coucher, je rentre une bonne provision de bois pour les deux cheminées. Ainsi, maman n'aura pas à sortir cette nuit pour alimenter le feu et nos blessés n'auront pas froid.

Ma petite mère s'étonne de mon manque d'entrain. D'ordinaire, nos veillées sont très gaies. Oui, mais aujourd'hui, un homme est mort dans mes bras et l'état du lieutenant nous inspire de vives inquiétudes. Il y a aussi tous ces blessés, ces mourants que j'imagine autour de nous dans les prés et dans les champs, seuls, sans personne pour les aider. Je devine confusément que mon enfance s'achève ce soir, en ce mercredi 7 juin 1944. Ma petite mère et moi ne chanterons plus jamais à la nuit tombante. C'est fini : la guerre, qui tue des hommes, a aussi tué nos chansons.

Petit Claude vient me rejoindre dans mon lit et me demande de l'aider à faire sa prière. Ce soir, nous avons tant de grâces à demander au Bon Dieu que nous ne savons par où commencer. Bien sûr, le lieutenant Wingate et les autres blessés ont la priorité. Il y a aussi notre grande sœur Denise dont nous resterons sans nouvelles tant que dureront les combats, il y a Francis, resté tout seul à la Bergerie, il y a tous « nos » soldats tombés du ciel avant-hier et qui vont, cette nuit, malgré le froid et le vent glacé, dormir encore une fois dehors. Et encore, nous ne savons même pas s'ils vont pouvoir s'assoupir quelques instants. Il y a les innombrables soldats qui doivent arriver par mer et que le mauvais temps empêche sûrement d'aborder nos côtes. Comme ils doivent être malades, sur leurs bateaux, avec un temps pareil ! C'est si désagréable, le mal de mer... Il y a tous les gens de Sainte-Mère-Église que nous aimons et qui sont si gentils, M. Leblond, notre directeur d'école, sa femme et leur fils Robert, Mlle Burnouf, mon institutrice, le père Roulland qui me gronde souvent parce que je suis distraite au catéchisme. Il serait bien surpris d'apprendre que, lorsque je suis « dans la lune », comme il dit, c'est au Bon Dieu que je pense. S'il le savait, peut-être me gronderaitil moins souvent ? Il y a Jean et Hubert Leroux, et leurs parents dont nous ne savons plus rien. Les Noires Terres ne sont pas loin de la Bergerie. Demain, dans la journée, Papa Maurice ira sûrement y faire un saut pour voir comment ils vont. Il y a Marthe, Manuel, André Cuquemelle, sa femme et leur fils, tous ces gens qui n'ont plus de maison et dont nous n'aurons pas de nouvelles avant la fin des combats. S'ils vivent encore, où vont-ils dormir ? Maurice Salmon saura-t-il consoler et protéger la petite Bernadette qui n'a plus de maman ? Nous prions aussi pour tous les soldats, à quelque nation qu'ils appartiennent, pour les blessés, surtout pour ceux qui n'ont pas la chance, comme Kerry et le lieutenant Wingate, d'être accueillis et soignés par une famille amie. Lundi, au cours de la quête au cierge, la dame qui m'a donné une première pièce m'a dit que Dieu écoutait volontiers la prière des enfants. Eh bien, ce soir, Il va avoir du travail.

Le sommeil nous empêche de faire le tour de toutes les grâces que nous avons à demander. Je suis si fatiguée ! Mon séjour dans les marais m'a vidée de toute mon énergie. Je note en m'endormant que nous avons oublié de prier pour nos parents. Tant pis, le Bon Dieu fera comme il voudra. Je m'endors tout à fait. Et je rêve. L'officier allemand mort cet après-midi dans les marais gravit les marches d'un très bel escalier. Sa main gauche prend appui sur un rayon de soleil oblique, comme s'il s'agissait d'une rampe. Dans sa main droite, il tient un très beau képi. Il se retourne vers moi et me fait un signe amical. Je remarque avec plaisir que son uniforme est sec, propre, très bien repassé, et qu'il a retrouvé ses galons et ses boutons.

Jeudi 8 juin 1944

L'aube pointe à peine que des bruits venus du rez-de-chaussée me réveillent. Aussitôt, mon rêve me revient en mémoire. J'ai beau me dire que ce n'est qu'un rêve, je dois avouer que c'est bien joli tout de même.

Je me lève doucement, prenant bien garde de ne pas toucher mon petit frère, pour ne pas le réveiller. Les deux jours tragiques que nous venons de vivre laissent sur son visage endormi l'empreinte d'une tristesse profonde. Je le recouvre tendrement, résistant à la tentation de poser un baiser sur sa joue ronde et rose. « Tu n'es pas raisonnable, me dis-je, laisse-le dormir. » Mes chaussures à la main, je descends l'escalier, non sans avoir jeté le traditionnel coup d'œil sur les marais par la fenêtre du grenier. Le temps est toujours aussi maussade : un crachin fin et serré, poussé par le vent, fouette les vitres, les eaux clapotent encore plus que les jours derniers. Là-bas, sur les plages, la tempête doit être violente. Jamais on n'a vu un temps aussi épouvantable en cette saison. Si les renforts n'arrivent pas aujourd'hui, les Allemands vont se regrouper et les parachutistes ne pèseront pas bien lourd.

Comme d'habitude à cette heure matinale, maman prépare le café. Elle m'embrasse distraitement. Elle semble préoccupée.

— Quelque chose ne va pas ?

— L'état du lieutenant s'est encore aggravé cette nuit. Il a une très forte fièvre.

— Je peux aller l'embrasser ?

— Oui, mais ne fais pas de bruit. Je crois que Kerry dort encore.

Le lieutenant transpire abondamment, de grosses gouttes de sueur coulent sur son visage. Il a quand même la force de me sourire. C'est un tout petit sourire, mais un sourire quand même. Depuis hier, le mal qui le ronge a fait des progrès. Ses traits tirés, son teint livide en témoignent. À genoux près du lit, une de ses mains brûlantes de fièvre dans la mienne, je prie. Je prie de toute mon âme d'enfant, demandant à Dieu de nous aider dans notre tâche. Cet homme dont la vie nous est devenue aussi précieuse que la nôtre, nous ne devons pas le laisser mourir. Maman s'approche du lit, me relève, essuie mes pleurs.

— Geneviève, je vais aller à Sainte-Mère-Église. Il faut que je ramène un médecin. On ne peut pas rester ainsi sans rien faire. S'il ne reçoit pas de soins aujourd'hui même, George va mourir. À Sainte-Mère, je trouverai sûrement un médecin qui acceptera de venir. Je n'ai pas d'argent, mais ça ne fait rien. Je le paierai avec mon prochain salaire.

— Tu pourrais prendre le gros billet que la vieille dame m'a donné lundi. Mais pourquoi veux-tu à tout prix aller chercher un médecin ? Il ne se débrouillera pas mieux que toi. La jambe de George est bonne à couper. Tu vas risquer ta vie pour rien. Pense à moi, pense à Claude. Nous ne voulons pas que tu meures.

— Sois tranquille. Il ne m'arrivera rien. Je prierai en route. Le Bon Dieu me protègera. S'il nous a mis ici, c'est parce qu'il avait besoin de nous. Nous avons répondu présent. Maintenant, c'est moi qui vais avoir besoin de lui. Il sait ce qui lui reste à faire.

— Quand pars-tu ?

— Après avoir bu mon café. Je vais traire les vaches à la ferme. Je laisserai le soldat distribuer le lait à ses camarades et je filerai vers Sainte-Mère-Église.

Elle ajoute avec un gros soupir :

— Les pauvres ! Ils doivent être dans un drôle d'état, avec un temps pareil. Trois nuits sans dormir, trois jours sans manger ! C'est vraiment inhumain, la guerre.

— Qu'est-ce que je vais faire, en attendant ton retour ?

— Surveille les blessés et ne les laisse manquer de rien.

— Mais je ne saurai jamais faire les pansements du lieutenant toute seule !

— Ne t'inquiète pas : ils sont faits. Ton père m'a aidée. Veille sur ton petit frère et empêche-le de sortir. Rappelle-toi bien : vous ne devez pas mettre le nez dehors.

— Je voulais aller dans les marais cueillir de la benoîte pour le blondinet. Sa blessure ne saigne plus.

— Non. Ne sors pas. Ce gars-là est solide. Dès qu'il aura refait le sang qu'il a perdu, il se rétablira. Il est jeune, vigoureux, sa plaie se refermera toute seule. N'oublie pas de leur donner à boire souvent.

— Papa est déjà parti à la Bergerie ?

— Non, il bricole dans le cellier. Il essaie de fabriquer une chaise d'aisance pour le lieutenant. Va lui dire que le café est prêt. Cours le long du mur. Si tu restes contre la maison, tu ne risques pas de prendre une balle. Sois prudente.

S'ils peuvent tout à loisir cribler le pignon ouest de la maison, les Allemands embusqués au château d'Amfreville ne peuvent pas atteindre la façade exposée au sud. Les balles passent en sifflant et vont se perdre dans le tas de fagots. En marchant courbés, protégés par la voie ferrée surélevée, nous pouvons aller sans danger de la cuisine au cellier. La main sur la poignée de la porte, je m'apprête à sortir. Maman me rappelle.

— Ne dis surtout pas à ton père que j'ai l'intention d'aller à Sainte-Mère. Il ne serait peut-être pas d'accord.

— Compris. Je ne dirai rien. Il y a autre chose dont je voudrais te parler à toi toute seule. Mais j'ai peur que tu te moques.

— Dis toujours.

— Voilà. Le vieil Allemand me fait peur. Je n'arrive pas à savoir pourquoi, mais je suis sûre qu'il met notre vie en danger.

— Non seulement je ne me moque pas, mais je te remercie de m'avoir prévenue. Il y a longtemps que je me suis rendu compte que tu n'es pas une petite fille comme les autres. Si tu sens un danger, c'est qu'il existe. Mais ne t'inquiète pas pour l'instant. Cet homme est blessé : jusqu'à nouvel ordre, il est inoffensif. Dès qu'il ira mieux, nous le ferons partir. Les Américains se chargeront de lui. Reste quand même sur tes gardes et appelle Kerry si tu trouves quelque chose de suspect dans l'attitude de cet homme-là.

— D'accord. C'est dommage qu'il ne soit pas mort hier dans les marais, à la place de l'autre. L'autre était bien plus gentil. Et puis il parlait français ; avec lui, au moins, on pouvait s'expliquer.

— Oui, c'était un homme loyal et franc. Mais ne te fais pas trop d'illusions. Il était allemand, lui aussi, et probablement officier. Hier, il était démoralisé, accablé, mais s'il était arrivé à la tête d'une troupe d'hommes valides, qui sait ce qu'il aurait fait de nous et de nos parachutistes blessés ? Essaie de te souvenir de ça, petite : ne juge jamais les hommes sur les apparences. Maintenant, va chercher ton père pour le café. Et souviens-toi : moins tu parleras, mieux ça vaudra.

Elle n'a pas besoin de me le répéter deux fois. Le silence et la solitude nous sont tellement habituels qu'ils sont devenus notre façon d'être, notre vraie nature. Notre devise aurait pu être : « Silence et efficacité. » Hélas, pour l'instant, malheureusement pour le lieutenant Wingate, notre efficacité est bien réduite. Nous sommes si démunis, si inexpérimentés... Va-t-il mourir faute de soins ? Maman n'a guère de chance d'arriver à Sainte-Mère. Mais, si petite que soit cette chance, elle a raison de la tenter.

Dans le cellier, le père me montre sa chaise d'aisance qu'il a presque terminée. Son ouvrage, à première vue, me paraît tellement ridicule que j'ai du mal à ne pas éclater de rire. Imaginez une très vieille chaise dont on aurait doublé la hauteur des pieds et remplacé la paille par un seau hygiénique. L'ensemble est grotesque, mais il sera bien utile. Le lit de mes parents est un lit ancien, haut sur pieds. En poussant tout contre le lit cette chaise d'un genre très spécial, nous pourrons déplacer le lieutenant sans remuer sa jambe mutilée.

Père et moi retournons à la cuisine où maman nous sert notre café. Comme d'habitude, nous le buvons en silence. J'aimerais tellement interroger mes parents ! Pourquoi la canonnade est-elle plus violente ce matin que les jours précédents ? Voilà la vraie, l'unique question. Le père le sait peut-être, lui ? Il ne semble pas particulièrement bavard. Je l'examine à la dérobée. Il a l'air accablé, résigné. Pourquoi ? Je vais bientôt avoir la réponse. Comme s'il se parlait à lui-même, il dit :

— C'est foutu, c'est la gangrène.

— C'est sûr, soupire maman.

Je regarde encore le père. Est-il possible que cet homme fruste et dur se soit pris d'une affection si grande pour le blessé qui repose dans sa chambre que l'idée de sa mort lui cause une souffrance intolérable, sans commune mesure avec les sentiments dont je le croyais capable ? Ainsi, il avait du cœur et je ne le savais pas. Son cœur aime, souffre, tremble et je ne m'en suis jamais aperçue. Pourra-t-il me pardonner un jour de l'avoir ainsi méjugé ? En si peu de temps, j'ai découvert sur son compte tant de choses inattendues que j'ai de la peine à tout assimiler. J'y réfléchirai plus tard, dès que je pourrai reprendre mes longues balades dans la campagne.

Réveillé, Kerry vient s'asseoir à table, entre mes parents. Il semble deviner ce qui les tourmente. Affectueusement, il passe ses bras autour de leurs épaules et les attire tous les deux vers lui en un geste de tendresse filiale. Il y a des larmes dans les yeux de maman. Dans sa langue, Kerry essaie de la réconforter. Hélas, ma petite mère ne comprend rien à ce qu'il dit et le bon sourire du géant ne suffit pas à la rassurer. Elle décide de partir tout de suite, sans attendre le lever du jour. « Je serai moins visible », dit-elle. Je commence à me demander si j'ai raison de la laisser aller. Dix kilomètres à pied en plein cœur de la bataille, c'est long, bien long. Et si elle ne revenait pas ? Si elle se faisait tuer, que deviendrions-nous, Claude et moi ? Que pourrions-nous faire, pauvres enfants perdus dans ce monde bouleversé par la guerre, isolés comme nous le sommes, avec quatre blessés, dont deux si gravement atteints ?

Maman s'apprête à partir. J'ai soudain l'impression qu'elle est plus chaudement vêtue qu'à l'ordinaire. Il faut dire qu'il fait encore bien froid, ce matin. Pourtant, il y a autre chose. J'ai trouvé : pour éviter que le père ne lui pose des questions embarrassantes, elle a enfilé ses vêtements de travail par-dessus ses vêtements de sortie. À la ferme, après avoir trait les vaches et assuré la distribution de lait aux soldats, elle n'aura qu'à retirer ses vêtements de travail, se laver les mains et elle sera prête. Très soignée de sa personne, elle ne se permet jamais d'aller à Sainte-Mère en tenue négligée. Elle nous a transmis ce souci de l'apparence. Elle se saignerait aux quatre veines plutôt que de nous voir vêtus, Claude, Francis et moi, avec laisser-aller.

J'admire sa trouvaille. C'est vraiment une drôle de petite bonne femme. Elle va rencontrer sur la route des périls de toutes sortes, risquer sa vie à chaque pas, mais elle n'ose pas affronter la colère de son époux. Je me surprends à penser qu'entre deux maux redoutables, les colères du père ou les dangers de la guerre, elle n'a peut-être pas, cette fois-ci, choisi le moindre.

Je la regarde s'éloigner. La pénombre l'absorbe lentement. Encore envahie par l'ombre, la piste la dissimule bientôt à mes yeux pourtant habitués à l'obscurité. La reverrai-je ? Reviendra-t-elle saine et sauve ? À la grâce de Dieu. Je ne crois pas si bien dire.

Lorsque maman devient totalement invisible, je me résigne à quitter la vitre. Pendant quelques instants, je m'efforce de respirer longuement, profondément. Cette respiration contrôlée m'aide à calmer l'angoisse qui me serre la poitrine. J'écoute battre mon cœur affolé. Après quelques inspirations profondes, son rythme se ralentit, je récupère le calme dont je vais avoir besoin. Ensuite, au travail.

En premier lieu, je débarrasse la table et je lave les tasses à café que nous venons d'utiliser. Puis je prépare le petit déjeuner des blessés. Papa et Kerry s'occupent ensemble du lieutenant Wingate. Je sers un bol de café noir et des biscuits au vieux soldat allemand venu s'asseoir auprès du feu. En m'approchant de lui, j'essaie de réprimer le tremblement de mes mains. J'ai bien du mal.

Le blondinet, à qui je donne ensuite la becquée, me remercie d'un sourire. Il a l'air de trouver les biscuits et le café à son goût. Il n'a aucun mérite, c'est du vrai café. Après son petit déjeuner, je lui fais son pansement. C'est bien ce que je pensais : sa blessure ne saigne plus et la plaie commence à prendre bonne tournure. Bien sûr, il ne marchera pas de sitôt, mais dans quelques jours, lorsque tout danger d'hémorragie sera écarté, nous pourrons l'asseoir un peu. Je profite de ce que le vieil Allemand a repris sa place auprès du feu pour retaper l'énorme tas de paille qui leur sert de lit. Le jeune Allemand sourit gentiment, mais son sourire se transforme en grimace lorsqu'il me voit approcher avec une cuvette d'eau chaude, un gant de toilette et un morceau de savon.

Je m'efforce à plus de douceur qu'hier, surtout en démêlant sa tignasse blonde. Sa toilette terminée, je jette l'eau salie, je nettoie consciencieusement la cuvette, car nous n'en avons qu'une, et je la remplis à nouveau d'eau chaude. Je l'offre alors au vieux soldat allemand. Il fait « non » de la tête et reprend sa pose méditative, le front contre le manteau de la cheminée. Depuis son arrivée, il refuse de se laver. Peut-être est-il si découragé qu'il n'a même plus envie d'être présentable ? Il a tort : le manque d'hygiène affecte toujours le moral. J'insiste donc un peu, malgré la peur qu'il m'inspire. Il me repousse fermement. C'est bon, je n'insisterai plus.

Je frappe doucement à la porte de la chambre. La voix bourrue de mon père m'invite à entrer.

— Que veux-tu ?

Le ton de sa voix trahit sa mauvaise humeur. Timidement, je demande :

— Veux-tu que je t'aide à faire la toilette du lieutenant ? J'ai préparé de l'eau chaude.

Brutalement, il répond :

— Laisse la cuvette ici et déguerpis en vitesse.

Je ne me le fais pas répéter deux fois. Je sais ce qui

m'attend si je tente de m'incruster. En quittant vivement la chambre, je trouve le moyen de me cogner le front contre la porte. Une belle grosse bosse apparaît aussitôt.

Petit Claude descend les escaliers. Je le cueille sur la dernière marche et je le serre très fort dans mes bras. Il regarde ma bosse. Sa voix tremble :

— Il t'a encore battue ?

J'ai du mal à lui faire admettre que je me suis pour une fois cognée toute seule. Il ne me croit pas. Je dois décrire en détail ce qui m'est arrivé. Puis je l'installe à table et je lui sers son petit déjeuner. Il grignote, silencieux et pensif.

— Quelque chose ne va pas, petit Claude ?

— Où est maman ?

— Elle est partie à la Bergerie. Elle ne rentrera pas de bonne heure car elle va traire les vaches abandonnées à la ferme et distribuer le lait aux soldats cachés dans les buissons et derrière les haies. Ils sont bien cachés, tu sais : il faudra beaucoup de temps pour les retrouver.

Mon petit frère continue à manger en silence. Pour l'arracher à ses pensées que je devine trop tristes pour un enfant de son âge, je lui dis :

— Papa et Kerry s'occupent du lieutenant. Ils lui font sa toilette. Si tu veux, tu pourras aller près d'eux, tout à l'heure. J'ajoute avec un soupir de regret : Toi, tu en auras le droit.

Claude vient alors se blottir dans mes bras.

— Est-ce que la guerre va finir aujourd'hui ?

— Oh, je ne crois pas. Il fait encore trop mauvais pour que les soldats qui doivent venir par bateaux arrivent aujourd'hui.

— Et s'ils n'allaient jamais venir ?

— Jamais ? Quelle idée ! Ça ne tient pas debout ! Les chefs qui ont mis le débarquement au point ne peuvent pas y renoncer maintenant, après avoir lâché leurs parachutistes parmi nous ! Ce serait idiot !

— Tu as raison, dit Claude. Ce serait idiot. Je suis un sot !

— Tais-toi ! Tu n'es pas un sot ! Tu es le plus gentil de tous les petits frères et j'ai bien de la chance que tu sois le mien.

Il se serre très fort contre moi et me dit :

— Vivement que la guerre finisse. J'aimerais tant aller à l'école avec toi, Geneviève.

— Il faudra patienter encore un peu, mon poussin. L'école, pour toi, ne commencera qu'en octobre. Nous n'y sommes pas encore.

— Combien de mois à attendre ?

— Voyons... Nous sommes à la mi-juin. Il y a juillet, août, septembre. Ça fait trois mois et demi.

— Je les connais, les mois. Je les ai appris avec maman. Trois mois et demi, ça va être long !

— Mais non. Dès que les combats seront finis et que nous pourrons sortir sans risques, nous irons jouer avec tous les beaux parachutes qui traînent partout. Et puis il y a le planeur tout neuf qui est dans le pré de la Bergerie, nous pourrons nous amuser dedans. Je serai le pilote et toi le radio. D'accord ?

— D'accord. Mais il faut d'abord que la guerre finisse.

— Ne t'inquiète pas, nous ne nous quitterons pas avant longtemps. Avec tous les dégâts qu'il y a eu, moi non plus je ne risque pas d'aller à l'école avant la fin des grandes vacances. Il ne nous reste plus qu'à attendre et à souhaiter que tout se passe bien pour nous. Bon. Maintenant, je vais t'habiller. Pour la toilette, tu vas attendre un peu. La cuvette est occupée.

— Oh, ça ne fait rien, je ne suis pas pressé.

Il me jette un coup d'œil malicieux. Il n'aime pas la toilette ; enfin pas trop. Même si la cuvette reste occupée toute la journée, elle ne lui manquera pas.

Bien qu'il soit depuis longtemps capable de le faire lui-même, Claude préfère que je l'habille. Je l'amuse et je m'amuse en faisant disparaître ses petits bras dans les manches de son chandail. D'habitude, il rit de bon cœur. Aujourd'hui, j'ai bien du mal à lui arracher un sourire. L'absence de maman le préoccupe. Pourtant, il ne sait pas quelle folie elle va commettre ; à moins qu'il soit lui aussi doué d'un sixième sens qui l'avertisse du danger... Dans ce cas-là, il a bien gardé son secret : même à moi, sa confidente, il n'en a jamais parlé. Son comportement d'enfant sage me surprend souvent. À côté de moi, si turbulente, il paraît bien calme. Lorsque je m'apprête à faire une bêtise, il m'arrête souvent en me disant :

— Ne fais pas ça, tu fais de la peine au Bon Dieu.

Pour lui être agréable, je renonce alors à ma bêtise, ce qui le rend tout heureux. Notre tendresse mutuelle est si grande, si forte, que rien de désagréable ne peut arriver à l'un sans que l'autre en souffre. Nous partageons tout : nos jeux, nos joies et nos peines. Le père ne le bat jamais ; mais je crois bien qu'il ressent autant que moi les punitions que Papa Maurice m'inflige régulièrement. Il s'interpose parfois entre le père et moi en espérant m'éviter d'être battue. Hélas, sa douce intervention ne change rien à mon sort. Le père l'écarte d'un geste.

— Laisse-moi faire, petit, ça ne te concerne pas.

Claude, alors, s'éloigne la tête basse, conscient de sa faiblesse et de l'inutilité de son intervention.

— Geneviève, viens ici !

Le père m'appelle. J'accours aussitôt, en prenant soin, cette fois, de ne pas me cogner contre la porte de la chambre. Papa Maurice me tend la cuvette. Il a lavé et rasé le lieutenant Wingate qui trouve la force, en me voyant, de m'adresser un sourire amical. Son regard reflète sa souffrance. J'admire son courage, il est formidable ! Depuis hier soir, les plaies de sa jambe répandent dans la chambre une odeur insoutenable qui donne la nausée. Pauvre George. Pourvu que maman puisse ramener un médecin avant qu'il soit trop tard !

Après avoir tapoté les oreillers, Kerry installe son ami au creux du lit et vient me rejoindre dans la cuisine. Il me fait comprendre qu'il aimerait bien, lui aussi, se laver et se raser. Je nettoie de nouveau la cuvette et je la remplis d'eau chaude. Torse nu, il se lave longuement. Pour qu'il ne prenne pas froid, j'active le feu dans la cheminée. L'absence de maman, l'angoisse de la savoir sur la route en plein cœur de la bataille me font paraître le temps long, si long... J'invente toutes sortes de besognes pour meubler les heures qui n'en finissent pas de s'écouler. Le tic-tac obsédant de la vieille horloge me tape sur les nerfs. À la fin, je n'y tiens plus : sous le regard intrigué de Kerry, j'arrête le balancier. Papa le remettra sûrement en route, mais j'aurai quand même gagné un peu de tranquillité. Pauvre horloge, elle n'y est pour rien...

Mon anxiété m'aura au moins été profitable. Lorsque maman reviendra, si elle revient, elle trouvera sa maison propre comme un sou neuf. J'ai mis tant d'ardeur au travail que tout brille : les vitres, le carrelage et même les briques de l'âtre, que maman ne cire d'ordinaire qu'une fois par semaine, le dimanche matin. Le vieux soldat allemand fait une drôle de tête en me voyant manipuler sans difficulté les tisons enflammés, les déplacer pour enlever l'excédent de cendres et les remettre en place sans me brûler. Comme les arbres et les oiseaux, le feu est mon ami. Je reste parfois des heures à le regarder et je ne laisse à personne le soin de choisir les brindilles bien sèches qui servent à l'allumer ou à le ranimer dans les deux cheminées.

En boitant, Kerry se dirige vers la montagne de caisses, dans la cour, et me rapporte toute une série de boîtes de rations pour le déjeuner. Je lui fais comprendre que c'est inutile, maman m'a laissé un énorme lapin coupé en morceaux et prêt à cuire. Je ne suis pas bien forte en cuisine, mais je réussis quand même à préparer un repas acceptable. Je fais remarquer au père que nous n'avons plus de légumes pour le dîner. Le potager du 104 étant sous un mètre d'eau, il faudra aller en chercher à la Bergerie. Il acquiesce : il s'y rendra en bateau pour renouveler nos provisions. Là-bas, le jardin est abondamment garni.

Avant de partir, Papa Maurice me dit :

— Veille bien sur « mon lieutenant ». Il va sûrement mourir.

La détresse de sa voix me bouleverse. Je ne sais que répondre :

— Ne sois pas parti trop longtemps, papa. Ton lieutenant aura besoin de toi. C'est plus facile de mourir, quand on a quelqu'un qui vous aime pour vous assister.

— Qu'est-ce que tu en sais ? dit-il doucement.

— Hier, l'officier allemand était heureux de m'avoir près de lui. Il m'a même demandé de chanter.

— Son agonie a duré longtemps ?

— Je ne sais pas, au juste. Maman et moi, en tout, nous avons passé quatre heures avec lui. Mais son agonie avait commencé bien avant que maman ne l'ait aperçu dans les marais.

— Il était si gravement blessé ?

— Tu sais, papa, une balle dans la poitrine : ça ne pardonne pas.

— Putain de guerre ! C'est pas permis de voir ça.

Sur ce juron marmonné entre les dents, il s'éloigne vers sa barque. Si une balle perdue le fauchait maintenant, je crois bien qu'il en serait heureux, tant l'idée de savoir son lieutenant mourant lui est insupportable.

Claude et moi, nous nous retrouvons seuls pour quelques heures avec les blessés. Surprise ! À midi, le lieutenant Wingate accepte de manger tout ce que je lui donne, et de bon appétit. Remarquant ma stupeur, il me dit, grâce au *French book* :

— Je ne souffre plus.

Qu'est-ce que cela veut dire ? Papa, aujourd'hui, ne lui a pas donné de médicaments antidouleur. Les boîtes sont sur la cheminée de la cuisine et personne n'y a touché.

Je suis si heureuse, si émue, que j'appelle Kerry pour qu'il constate lui aussi ce petit miracle. L'assiette est vide, tout à fait vide, et George réclame un second grand verre de cidre. Ravie, j'attrape mon petit frère à pleins bras et nous dansons dans la cuisine une ronde folle. Avec ma logique bien personnelle, je me dis que puisque George a de nouveau faim, son corps surmontera tout à fait ses terribles blessures. L'espoir revient au galop. Une petite voix chante en moi : « Il va guérir, il va guérir ! »

D'un seul coup, mon angoisse se dissipe. Une joie n'arrivant jamais seule, je suis presque sûre, à présent, que maman va bientôt rentrer. Ma bonne humeur naturelle, ma joie de vivre reviennent et, sans même y penser, je me mets à fredonner.

— Chut, Geneviève, nos blessés font la sieste.

Je remercie mon petit frère d'un sourire. Il a raison : leur repas terminé, nos blessés se sont assoupis. Quelques heures de repos leur feront à tous le plus grand bien. La maison calme et silencieuse tremble par intermittence au rythme de la canonnade. Dehors, la guerre continue, mais ici, au 104, l'espoir est revenu.

Je lave à nouveau la vaisselle, je l'essuie, je la range, je remets une fois de plus la cuisine en ordre, et mon attente recommence. Cette fois, elle sera de courte durée. Claude a tout juste le temps de me gagner une ou deux parties de dada que maman, enfin, arrive.

Son absence a duré neuf heures et demie. Jamais elle ne nous avait laissés seuls aussi longtemps. Je la regarde venir sur la piste, de son pas vif et énergique. Seule : aucun médecin ne l'accompagne. Elle entre. Elle est là, bien vivante, radieuse. Une étrange lueur pétille dans son regard. Claude, qui a deviné depuis longtemps qu'elle s'était absentée pour des raisons graves, se jette dans ses bras. Elle le soulève de terre, le serre contre son cœur et me demande :

— Tout va bien, ici ?

— Oui, mieux même que tu ne pourrais l'espérer. Le lieutenant a mangé comme un ogre. Il dit qu'il se sent mieux et je crois bien que c'est vrai.

— Je sais, dit simplement maman.

— Comment, tu sais ?

Un petit sourire mystérieux illumine son regard. Je commence à comprendre.

— Tu n'as pas trouvé de médecin, lui dis-je. Alors *toi* tu as fait un arrangement avec le Bon Dieu.

C'est moins une affirmation qu'une interrogation. Maman sourit malicieusement.

— Non, pas avec le Bon Dieu ; mais avec sa Sainte Mère.

— Raconte, vite !

C'était une autre de nos caractéristiques : la foi. L'irrationnel faisait partie de notre vie : Dieu, la Sainte Vierge, Jésus et les saints nous étaient aussi proches, aussi familiers que les gens en chair et en os qui nous entouraient. Que ma petite mère ait fait un arrangement, « un marché » avec la Mère de Dieu, me paraissait tout à fait naturel. Je la fais asseoir devant la cheminée et, tout en réchauffant son repas que j'avais mis de côté, j'écoutai son récit.

— Il n'y a pas grand-chose à raconter, dit-elle. Je n'ai pas pu aller jusqu'à Sainte-Mère-Église. On s'y bat encore. Les soldats américains m'ont arrêtée sur la route qui mène à la ferme de la Couture. Ils m'ont conduite devant un officier qui parlait français. Ce monsieur a voulu savoir pourquoi je voulais aller en ville. Je lui ai dit que je cherchais un médecin pour le lieutenant. L'officier m'a répondu que c'était impossible. « Il y a trop d'Allemands aux alentours, on ne sait pas encore ce qui se passe au juste là-bas. On ignore même si les parachutistes tombés à Sainte-Mère sont encore vivants. » Cet officier croit que la plupart ont été tués avant même d'avoir touché le sol. Les Allemands les ont, paraît-il, mitraillés à bout portant. Dès qu'un hôpital de toile sera installé, on viendra chercher George, Kerry et les deux Allemands. Des médecins militaires les soigneront. Mais, pour l'instant, on ne peut rien faire pour eux.

— Alors ?

— Alors rien.

— Arrête de nous faire languir ! Comment es-tu revenue de la ferme de la Couture ? Elle est loin d'ici, cette ferme.

— L'officier m'a donné deux soldats pour m'accompagner jusqu'au PN 103. Si j'avais été seule, je serais de retour depuis bien longtemps mais avec ces deux petits gars, pas moyen d'avancer. Dès qu'ils entendaient une rafale ou un coup de fusil, vite ils m'obligeaient à me cacher derrière les haies ou dans les fossés en attendant qu'on cesse de tirer. J'ai mis deux fois plus de temps pour revenir de la ferme qu'il ne m'en avait fallu pour y aller. L'officier a pris note de l'endroit où se trouve notre maison. S'il le peut, il accompagnera les brancardiers lorsqu'ils viendront chercher les blessés. C'est cet officier qui m'a donné l'idée de m'adresser à la Sainte Vierge. En me quittant, il m'a dit :

— Continuez à soigner vos blessés de votre mieux, madame. Et priez la sainte patronne de votre ville pour qu'elle vous vienne en aide.

Il m'a embrassé les deux mains et a ajouté :

— Merci, madame. Que Dieu vous garde !

Il était bien ému et avait des larmes plein les yeux. En revenant, j'ai réfléchi à ce qu'il venait de me dire. La Sainte Vierge est toute-puissante. J'ai tout de suite su qu'Elle allait immédiatement exaucer mon vœu.

— Quel vœu, quel vœu ?

— Petite curieuse ! Parce que tu as bien travaillé et que tu t'es bien occupée des blessés, je vais te le dire : si la Sainte Vierge sauve notre George, j'irai lui offrir, à la prochaine fête, le ruban des pauvres.

— À la prochaine fête de sainte Marguerite ?

— Oui, bien sûr.

— Et si la guerre n'est pas finie ?

— Bah, elle sera finie depuis longtemps.

Le ruban des pauvres... L'offrande la plus humble et la plus fervente qui soit. La paroisse de Neuville-au-Plain, à deux kilomètres du village de La Fière, a pour patronne sainte Marguerite, pauvre parmi les plus pauvres durant sa vie terrestre et qu'on honore chaque année au cours d'une grande messe et d'une fête qui se termine tard dans la soirée. C'est au cours de la messe qu'a lieu l'offrande des rubans. Il s'agit en principe de rubans bleus ou blancs d'environ un mètre cinquante de long et larges de cinq à dix centimètres. Le prêtre de la paroisse les bénit. Les familles vont ensuite les déposer sur le bras de la statue qui représente la Vierge Marie. Cet ex-voto d'un genre spécial reste là jusqu'à ce que le temps et les intempéries aient eu raison de lui. Je n'ai jamais entendu dire dans notre région qu'un vœu fait à la Sainte Vierge avec offrande d'un ruban n'ait été exaucé immédiatement.

Forte de sa foi, sachant qu'aucun médecin ne viendrait au secours de notre blessé, maman avait eu la présence d'esprit de se tourner vers la Reine du Ciel. Et elle savait avec une certitude absolue, avant même de l'avoir vu, que le lieutenant allait guérir. La foi soulève les montagnes. Pourquoi ne vaincrait-elle pas la gangrène ?

Sur la pointe des pieds, nous entrons dans la chambre où les deux Américains se reposent. George a les traits détendus, apaisés. La sueur n'inonde plus son visage, comme ce matin. Son teint est moins blême, sa respiration plus régulière. Mais surtout, l'effroyable odeur de pourriture s'est presque complètement dissipée. Maman et moi échangeons un regard heureux et complice. Cette fois, ça y est ; j'en ai moi aussi l'absolue certitude : notre lieutenant s'en sortira. J'ignore quand et comment, mais je sais que son état ne s'aggravera plus et qu'il survivra à ses blessures.

Est-ce à cause de notre présence ? Ou bien a-t-il suffisamment dormi ? Le lieutenant, soudain, s'agite, s'étire et nous regarde, étonné de nous voir ainsi immobiles près de son lit. Prenant nos deux mains dans les siennes, geste qu'il aurait été bien incapable de faire ce matin, il murmure :

— Maman Maurice, Dgenevi.

Un bon, un brave sourire illumine son visage. Petit Claude s'approche. Je le soulève et je le penche au-dessus du blessé. Le petit garçon pose un gros baiser sonore sur la joue du parachutiste. Nous sommes tous très émus. Kerry s'éveille à son tour. Pauvre Kerry ! Nous l'avons un peu délaissé, pendant ces deux jours. Il est vrai que sa cheville n'est pas trop gravement atteinte. Il se lève et se dirige en boitillant, se servant du balai-brosse en guise de béquille vers la cuisine ; il connaît bien, maintenant, l'emplacement de nos objets usuels. Il remplit de cidre un grand verre, revient et le tend au lieutenant qui boit avec une satisfaction évidente.

En direction d'Amfreville et de Fresville, les combats se poursuivent. Mais les bruits de la canonnade ne nous troublent plus. On s'habitue à tout, même à la guerre. Peu importe : la seule chose qui compte, en ce moment, c'est que George va guérir.

Je demande à ma mère si je pourrai, tout à l'heure, aller attendre Papa Maurice à la barrière du marais.

— Je veux être la première à lui annoncer que George va s'en sortir. Il est si malheureux, papa. Je suis sûre qu'il est allé à la Bergerie uniquement pour ne pas voir mourir le lieutenant.

Ma mère refuse. Elle me répète que je ne dois sortir sous aucun prétexte. La moindre désobéissance mettrait mon père en fureur. Elle ajoute : « Il aura peut-être bu... »

Je hoche la tête. Je sais bien ce qu'elle veut dire : il y a dans le cellier de la Bergerie deux grands tonneaux de dix-huit cents litres chacun ; le premier est plein d'un cidre fortement alcoolisé qu'on appelle ici « pur jus » ; l'autre est coupé d'eau et sert de boisson courante. Il suffit au père d'une infime quantité de pur jus pour sombrer dans une semi-ivresse ; et c'est dans cet état qu'il devient le plus agressif. Maman a raison : mieux vaut ne pas prendre le risque de le contrarier.

Je serai quand même la première à lui annoncer la bonne nouvelle. En fin d'après-midi, sa grosse voix bourrue m'appelle :

— Geneviève, viens m'aider à décharger le bateau.

En temps normal, il l'aurait déchargé seul, son bateau. Mais, depuis son équipée de soixante-douze heures dans les marais, ses mains sont bandées. Je sors en prenant bien soin de me coller contre le mur : car dès qu'ils voient sortir l'un d'entre nous, les Allemands tirent.

Le petit bateau est lourdement chargé. Le père a cueilli des légumes en abondance. Il a rapporté aussi un bidon de lait, un panier d'œufs, une vieille poule et deux lapins. L'avant du bateau disparaît sous d'énormes bottes de paille qui serviront sûrement de lit à mes parents lors des prochaines nuits. Ce sera plus confortable qu'une simple couverture étalée sur le sol. Père n'a pas oublié que notre provision de bûches commence à diminuer : la petite barque en contient au moins un stère.

En silence, j'aide Papa Maurice de mon mieux. La bonne nouvelle me brûle la langue mais je n'ose pas la dire. J'attends patiemment qu'il parle le premier. Me voyant empoigner une des énormes bottes de paille et m'apprêter à la porter dans le cellier, il intervient :

— Laisse, maigrichonne, c'est trop lourd pour toi.

Cette gentillesse, si rare, me donne du courage. J'ose enfin lui dire timidement :

— Tu vas avoir une surprise, papa.

J'ai piqué sa curiosité. Il me regarde d'un air intrigué.

— Quelle surprise ?

— Le lieutenant va mieux, dis-je vivement. Et il a très bien mangé ce midi.

Sans cesser de décharger, il me répond :

— C'est un mieux pour mourir.

Sa voix se brise. Un mieux pour mourir ; je connais cette expression : il arrive quelquefois, dit-on, que, quelques heures avant de mourir, un agonisant connaisse une rémission, comme si son corps, pour une raison inconnue, reprenait tout d'un coup des forces. Pour George, et je le sais, ce n'est pas ça, mais alors pas ça du tout.

— Tu te trompes, papa. Maman a tenté d'aller à Sainte-Mère-Église chercher un médecin, mais elle n'a pas pu arriver au bourg. Alors elle a fait un vœu en cours de route et elle a été exaucée. C'est tout.

Le père pose sur le sol le gros bidon de lait qu'il tenait à la main et me dévisage d'abord sans comprendre. Il me fixe de ses yeux de lynx. Sous ce regard terrible, je sens renaître ma peur un instant dissipée. Son œil se fait menaçant.

— Gare à toi si tu mens ! dit-il brutalement.

Je sais de quoi il parle. Le plus tranquillement du monde, dissimulant la terreur qui m'envahit, je réponds :

— Va le voir, tu jugeras par toi-même. Je peux ranger le reste toute seule. Tes mains sont trop abîmées pour que tu te fatigues.

Mais il reste là, sans bouger.

— Eh bien, qu'est-ce que tu attends ? Va.

Le père, alors, laisse son bidon sur place. Il court, il vole vers la cuisine. Maman me décrira plus tard la scène qui suivit son entrée dans la chambre. Ce fut inouï : il se précipita vers le lit. Réveillé, George le regardait venir. Le père prit les mains fines de son lieutenant dans ses grosses pattes boursouflées, tomba à genoux près du lit et se mit à pleurer comme un enfant, le visage enfoui dans l'oreiller. Le lieutenant dégagea une de ses mains et la posa sur les cheveux de mon père en disant :

— Papa Maurice, Papa Maurice !

Leur adoration mutuelle atteignait à son paroxysme. Père se calma, essuya ses yeux, se releva, approcha une chaise près du lit et resta ainsi jusqu'à la nuit tombante, muet, immobile, serrant toujours les mains du lieutenant. Il n'osait pas encore croire au miracle. Pourtant le miracle était là, sous ses yeux.

Il lui fallut bien se rendre à l'évidence, lorsque maman nous prépara, pour le repas du soir, une énorme potée de choux qu'elle nous servit avec un litre de crème fraîche. Papa Maurice fit lui-même manger le lieutenant et le vit dévorer la potée avec un appétit d'ogre. Il ne faisait plus attention à nous, qui avions reçu exceptionnellement la permission de veiller un peu. En nous accompagnant dans notre chambre, traversant la cuisine, maman remarque que le blondinet s'est découvert. Avec des gestes doux et maternels, comme elle l'eût fait pour un de ses propres enfants, elle remonte la toile de parachute qui sert de drap et la grosse couverture de laine jusqu'au cou du jeune Allemand. Je la regarde avec admiration. Elle s'en aperçoit et me dit :

— Tu vois, petite, la guerre, c'est l'affaire des hommes. Les femmes sont faites pour aimer.

Et tout bas, si bas que je l'entends à peine, elle ajoute :

— Et pour souffrir, aussi, hélas !

À nouveau, Claude déserte son lit. Le mien est bien petit pour nous deux mais c'est sans importance : nous nous serrons un peu. Autre avantage : nous aurons plus chaud ! Notre prière, ce soir, est une prière d'action de grâce. Le lieutenant Wingate, Kerry et les autres blessés, tous les autres, où qu'ils aient été ce soir-là, ne sauront jamais avec quelle ferveur deux enfants prièrent pour eux dans la nuit du 8 juin 1944.

Au moment où je m'endors, Claude, soudain, me demande :

— Geneviève, comment ça fonctionne, une prière ? Quand nous lui demandons quelque chose, comment le Bon Dieu intervient-il ?

— Je n'en sais rien, ou plutôt si, je sais. Je vais te donner un exemple. Quand les soldats allemands sont arrivés, mardi, j'ai tout de suite vu que le blondinet perdait son sang et que si nous ne faisions rien pour arrêter l'hémorragie, il allait mourir. Alors j'ai prié. J'ai prié très fort et j'ai demandé au Bon Dieu qu'il me donne une idée. Il m'a exaucée aussitôt. Maman est allée cueillir une poignée d'herbes sauvages dans le remblai, elle les a légèrement écrasées et elle les a appliquées sur la blessure. Trois minutes plus tard, le blondinet ne saignait plus. Voilà.

— Tu n'as pas été jalouse de voir que c'est toi qui avais prié et que c'est maman qui a eu l'idée ?

— Oh non, alors ! Je ne suis pas jalouse. Enfin je ne le suis plus. Parce qu'elle m'a coûté cher, la jalousie.

— Raconte.

— Un jour que les marais n'étaient pas encore inondés, en passant près de la rivière, j'ai fait tomber un morceau de mon goûter dans l'eau. Un gros poisson a bondi et a happé le bout de pain. Je l'ai trouvé drôle, ce poisson. Par jeu, je lui ai jeté un autre morceau de pain. Et il l'a pris. Petit à petit, je lui ai donné tout mon goûter. Tous les soirs, par la suite, je suis retournée au bord de la rivière. Tous les soirs le poisson venait gober mes bouts de pain. Et puis hop ! il filait dans les herbes. C'est alors que j'ai été jalouse. Voulant lui montrer que j'étais aussi agile que lui, je me suis jetée à l'eau. Je ne sais pas nager, alors tu penses... J'ai failli me noyer. Depuis, la jalousie, c'est fini pour moi.

— Quelle horreur ! Je suis bien content que tu ne sois pas morte. Tu ne recommenceras pas ?

— Oh, non alors ! J'ai eu bien trop peur !

Je souris dans le noir. Et nous nous endormons dans les bras l'un de l'autre, heureux d'être en vie, heureux de savoir que George, lui aussi, est en vie, et le restera.

Vendredi 9 juin 1944

Hier encore, les oiseaux n'ont pas chanté. En sera-t-il de même aujourd'hui ? Par la fenêtre du grenier, j'observe l'immense étendue d'eau qui nous entoure. Un jour triste et gris se lève, encore un. Nos marais sont si beaux, d'ordinaire, à cette époque... Que naisse le soleil, là-bas, en direction des Noires Terres, et tout, autour de notre 104, devient féerique. Les eaux miroitantes s'irisent de tendres couleurs, les marais s'animent : canards, sarcelles, poules d'eau entament un concert qui durera une grande partie de la matinée. Un peu plus tard, les petits passereaux mêlent leur chant doux et mélodieux à la voix familière des canards. Père dit qu'il est très rare d'entendre chanter le gibier d'eau ; si nous avons droit à ce privilège, c'est parce qu'il n'est plus chassé et que les oiseaux, depuis le début de la guerre, se sentent en sécurité. Aujourd'hui, la guerre est à nos portes et ce sont les hommes qu'on chasse. L'angoisse, la tristesse qui se sont abattues sur notre terre ont rendu tous mes petits amis muets de terreur. Le soleil lui-même reste pudiquement caché, comme s'il refusait désormais de nous réchauffer, comme s'il ne pouvait supporter la vue de l'holocauste qui se prépare.

Que sera cette journée ? En verrons-nous seulement la fin ? Serons-nous encore vivants ce soir ? Le débarquement par mer a-t-il eu lieu ? Les renforts arriveront-ils au secours des parachutistes qui se battent avec acharnement pour garder jusqu'à une hypothétique relève les points stratégiques conquis dans la nuit du 5 au 6 juin ? Autant de questions sans réponse. L'imminence d'un danger que je n'arrive pas à définir me rend encore plus attentive que d'habitude aux bruits de la maison et des environs. Depuis trois jours, chaque événement, aussi insignifiant soit-il, se grave dans ma mémoire. Même si je vis cent ans, je n'oublierai aucun détail de notre vie en ces jours que je pressens historiques.

Ce matin, il y a cette peur, cette angoisse indéfinissable qui m'oppresse. Avoir la peur au ventre, voilà une expression qui dit bien ce qu'elle veut dire. Je descends les escaliers. Quatre bols sont sagement alignés sur la table de la cuisine, le café au lait fumant dégage une agréable odeur. Mais je sais que je ne mangerai pas ce matin : l'anxiété me rend bien incapable d'avaler la moindre bouchée. J'essaie de cacher à maman l'appréhension qui me tenaille. D'un ton que je voudrais naturel mais qui sonne étrangement faux, je lui demande, alors qu'elle est occupée à beurrer des biscuits :

— Comment vont les blessés, ce matin ?

Et, remarquant la motte de beurre toute fraîche, j'ajoute :

— Tiens, tu as fait du beurre ? Je n'ai pas entendu la baratte.

La baratte en bois, fabrication « maison », a un inconvénient : elle grince de façon déplaisante. Les batteurs métalliques font entendre un bruit sourd et continu et chaque tour de manivelle ramène un grincement qui s'entend du premier étage, même lorsque la porte de l'escalier est fermée.

— Oui, dit ma mère, Francis a écrémé le lait que nous n'avons pas utilisé ces jours-ci et ton père a eu la bonne idée de rapporter la crème hier. J'ai battu le beurre dans le cellier pour ne pas réveiller nos blessés. Tu ne risquais pas d'entendre. George, Kerry et le blondinet ont bien dormi. Par contre, le vieil Allemand a beaucoup toussé, cette nuit.

— Ah ! Alors, c'est pour lui que tu fais du beurre ?

— Oui et non. Nous en profiterons tous.

Le beurre est un merveilleux remède contre la toux. Il suffit de faire boire à la personne qui tousse un bol de lait très chaud dans lequel on a fait fondre une cuillerée de beurre frais. Les quintes s'arrêtent dans les dix minutes et, si on prend la précaution de suivre ce traitement tout simple une fois par jour, la toux ne revient pas. Ce remède, nous l'employons depuis toujours. Malgré nos fréquents séjours dans l'eau froide des marais, nous n'avons jamais eu de complications. Dès les premiers frissons, maman nous donne ce médicament miracle et tout s'estompe d'un coup. Dans notre famille, qui compte de nombreux marins, on appelle ça « filer de l'huile », par analogie avec un terme de marine qui décrit l'action de laisser glisser de l'huile en avant du bateau pour calmer une tempête. L'hiver, le père mène une vie rude. Il va souvent au saut du lit, pieds nus sur l'eau gelée, relever ou poser ses pièges à gibier d'eau. Pourtant, grâce au beurre, il n'a jamais attrapé mal.

Le vieil Allemand et ses compagnons ont dû traverser une partie des marais pour arriver au pont de la rivière ; il aura sûrement pris froid ce jour-là. Demain il n'y paraîtra plus.

— Il a bu ton remède sans ronchonner ?

— Oui, et j'ai même eu droit à un semblant de sourire.

— Il n'y a que toi pour humaniser un ours pareil !

Maman sourit et me demande de l'aider à servir aux blessés leur petit déjeuner au lit. Nous nous levons beaucoup trop tôt pour eux, ils doivent se reposer davantage.

Si elle prépare leur petit déjeuner, cela veut dire qu'elle a déjà pansé les blessés. Elle me fait d'ailleurs plusieurs remarques à ce sujet : hier, me dit-elle, j'ai trop serré la bande du blondinet ; un pansement ne doit être ni trop lâche ni trop serré : trop lâche, il risque de glisser et de ne plus couvrir la plaie ; trop serrée, la bande gêne la circulation.

— Tu t'en souviendras ?

— J'espère bien. De toute façon, d'ici à la prochaine guerre, j'aurai sûrement le temps d'apprendre à faire les pansements correctement.

— Qu'est-ce que c'est que cette histoire ? C'est fini, la guerre. C'est la dernière. Il n'y en aura plus jamais.

Je secoue la tête. Comment peut-on dire des choses pareilles ? Plus jamais la guerre ? C'est bien ce que je pensais : ma petite mère n'a pas les pieds sur terre. Sa naïveté est vraiment touchante. À moins que ?...

— Tu as appris l'Histoire de France, à l'école ?

— Bien sûr, répond-elle. Pourquoi ?

Ainsi, elle connaît l'Histoire de France. Ou elle n'a rien remarqué, ou elle a déjà oublié, ou elle n'a rien compris. L'histoire de notre pays n'est qu'une suite de guerres plus affreuses les unes que les autres et de plus en plus meurtrières. En ce qui concerne l'histoire du monde, c'est pareil. J'ai lu dans ma Bible que, des milliers d'années avant Jésus-Christ, un général du nom de Josué, parce qu'il se croyait envoyé de Dieu, commit en Son Nom le premier génocide de l'Histoire. Des malheureux habitants de Jéricho, il n'épargna qu'une prostituée qui avait livré sans remords sa ville aux mains de ce criminel.

Aujourd'hui, nouveau Josué, Hitler vient de commettre un nouveau génocide, mais cette fois-ci à l'échelle de la planète. Je n'ai que douze ans, mais ce n'est pas la peine d'essayer de me faire croire à de telles balivernes, comme l'avenir radieux d'un monde sans guerre. Je sais lire, regarder autour de moi, réfléchir. Les grandes personnes ont bien tort de croire que les enfants vivent au jour le jour, sans penser à rien d'autre qu'à jouer, manger et dormir. Les enfants savent voir ce qu'on évite de leur montrer. Si j'empilais tous mes « pourquoi » sans réponse, ils formeraient une pyramide qui atteindrait et dépasserait le ciel.

Pourquoi les hommes se massacrent-ils ? Pourquoi y a-t-il dans les familles des enfants qui sont aimés et d'autres qui ne le sont pas ? Ne sont-ils pas tous des êtres faibles et sans défense qu'il faut guider et conduire le mieux possible vers leur vie d'adulte ?

Pourquoi les nuages sont-ils si beaux dans le ciel de Normandie ? Pourquoi la terre est-elle si triste lorsque le soleil se cache ?

Pourquoi la rivière abrite-t-elle des poissons dont l'intelligence me paraît extraordinaire ? Durant un été très chaud, à l'époque où les Allemands n'avaient pas encore inondé les marais, ils ont eu l'idée, pour lutter contre la chaleur excessive de l'eau, de creuser le sol des prairies en bordure de la rive pour trouver sous la terre la fraîcheur qu'ils n'avaient plus dans le lit de la rivière. Ces terriers d'un genre nouveau étaient des modèles d'ingéniosité. Je le sais : j'en ai ouvert un à la bêche pour voir à quoi correspondaient les traînées d'herbe verte qui partaient toutes de la rivière et s'enfonçaient dans les prairies desséchées. Seule une intelligence parfaitement développée pouvait concevoir de tels travaux : arrivée d'eau, petite cascade pour refroidir et oxygéner cette eau, et, au fond de la galerie, une chambre familiale où se tenait en permanence toute la famille poisson. On ne me fera jamais croire que l'instinct explique tout. J'ai refermé cette galerie et j'ai tout remis en état. J'éprouvais un si grand respect pour cet extraordinaire travail que l'idée de laisser cette galerie abîmée par mon coup de bêche ne me serait jamais venue à l'esprit. D'autres « pourquoi », encore. Pourquoi certains hommes vont-ils mourir et d'autres continuer à vivre ? Et surtout, pourquoi cette angoisse confuse qui me serre le ventre et qui m'avertit d'un danger dont j'ignore tout sauf qu'il est imminent ?

— Tu as l'air bien pensif, ce matin, me dit ma mère.

— Je pensais à un tas de choses. Est-ce que je peux porter le bol de George puis celui de Kerry ?

— Tu les aimes bien, ces deux-là.

— Oh oui ! Autant que Claude.

Elle désigne alors les deux Allemands allongés près de nous, sur leur lit de paille.

— Et ceux-là, tu les aimes ?

— Je ne sais pas. Je ne leur veux pas de mal. Je veux bien les soigner, veiller sur eux, mais les aimer, alors là...

— Tu devrais, pourtant...

— Ce sont des Allemands !

— Il faudra bien leur pardonner un jour, ma fille. Alors pourquoi pas tout de suite ?

— Après tout le mal qu'ils nous ont fait, tous les morts dont ils sont responsables ? Est-ce que Bernadette pourra oublier qu'à cause d'eux elle n'a plus de maman ?

— Qui te parle d'oublier ? Nous n'avons pas le droit d'oublier, mais nous avons le devoir de pardonner. Peut-être te faut-il grandir encore un peu pour le comprendre...

— J'y réfléchirai. Pourvu qu'il ne t'arrive rien et qu'il n'arrive rien à Claude, c'est le principal.

— Tu as peur ?

Confuse de me sentir devinée, je rougis jusqu'aux oreilles. Je réponds timidement :

— Oui, j'ai un mauvais pressentiment. Je ne sais pas pourquoi, mais je *sais* que nous sommes en danger.

Maman m'observe longuement, sans mot dire.

Réveillé, Kerry refuse son café. Il me faut quelques instants pour comprendre qu'il désire se lever et prendre son petit déjeuner à table, en notre compagnie. Le lieutenant Wingate va tout à fait bien et mange de bon appétit. Son visage a repris des couleurs, ses yeux sont moins cernés, sa fièvre est totalement tombée. Je le regarde avec tendresse et une prière d'action de grâce monte instinctivement à mes lèvres : « Merci, mon Dieu, pour ce miracle. »

Je ne le sais pas encore, mais des miracles, j'en verrai d'autres au cours des dures épreuves qui m'attendent. Et certains seront encore plus surprenants que celui-là.

Maman me laisse la garde de la maison et des blessés. Elle va une fois encore assurer la traite des vaches abandonnées à la ferme et distribuer le lait aux soldats. Si étranges que soient pour nous les jours présents, la vie continue et chaque heure ramène invariablement les mêmes tâches, qu'il nous faut accomplir envers et contre tout. Dans le courant de la matinée, après avoir chauffé le petit déjeuner de mon Claude enfin réveillé, je décide d'inviter le père à venir prendre une tasse de café. Je le surprends dans le cellier, occupé à fignoler sur son établi un étrange bricolage.

— C'est pour le lieutenant, dit-il. Je le lui donnerai dès qu'il commencera à marcher.

Je regarde de plus près et je reconnais une béquille en cours d'achèvement. Le père finit d'ajuster des tenons et des mortaises à la barre transversale destinée à soutenir le dessous du bras. Voulant lui faire plaisir, je lui propose de rembourrer par la suite cette barre avec du tissu doux et épais pour ne pas blesser l'aisselle du lieutenant. Papa Maurice s'étonne :

— Tu sais coudre, toi ?

— Bien entendu. Maman m'apprend beaucoup de choses. Mais, entre nous, j'aimerais mieux être ici à bricoler avec toi.

— Tu voudrais travailler le bois ? Tu es folle. Ce n'est pas un travail de fille.

— Ça ne fait rien, j'aimerais bien quand même.

— Tiens, essaie donc de dégrossir cette planche, me dit-il en me tendant son rabot.

J'ajuste un peu maladroitement la planche sous le valet d'établi, je la fixe solidement et... Papa Maurice éclate de rire, tout joyeux de voir que ma petite taille ne me permet pas de travailler à bonne hauteur.

— Faudra manger de la soupe, ma fille.

Il va bien voir. Avisant dans un coin du cellier une caisse de grenades détériorée lors du parachutage, je la tire, je la traîne contre l'établi, rabats ce qui reste de couvercle et grimpe dessus.

— Tu vois, je suis assez grande.

Papa Maurice me laisse donner quelques coups de rabot, s'approche de moi et soulève légèrement mon coude.

— Plus souple, le bras, plus souple, le poignet. Tu peineras moins sur ton ouvrage. Là, c'est bien, c'est très bien. Pas mal. Tu es douée...

Il passe sa large main sur la planche rabotée et répète : « Pas mal du tout. »

— J'aime tant le bois, papa.

— Tiens, toi aussi ? Moi, c'est ce que j'aime le mieux.

— Tu veux bien m'apprendre ?

— On verra aux grandes vacances, si j'ai le temps.

Apprends d'abord à bien lire et à bien écrire. Ça, c'est plus important que tout.

Sa voix trahit son amertume de n'être qu'un pauvre homme ignorant. Je m'empresse de changer de sujet.

— Claude te réclame ; il se plaint de ne plus te voir. Viens prendre une tasse de café.

Il sourit et laisse tomber son outil. Son fils n'attendra pas longtemps.

Nous nous retrouvons dans la cuisine. Pour la première fois, il me demande ce que je voudrais être plus tard.

— Pilote d'avion.

— En voilà une idée ! Ça non plus, ce n'est pas un travail de femme.

— Bien sûr que si. Il y a beaucoup de pilotes femmes : Maryse Bastié, Maryse Hilze, Hélène Boucher[1]...

— Comment tu sais ça, toi ?

— Je l'ai lu dans les livres.

— Je ne serai jamais assez riche pour te payer de longues études. Faudra renoncer à cette idée.

Si j'osais, je lui répondrais que je ne compte pas sur lui pour me payer quoi que ce soit. Mais certaines vérités ne sont pas bonnes à dire. Si je veux être tranquille, il vaut mieux que je me taise.

— Ne te fais pas de souci pour moi. Je me débrouillerai. Je suis aussi têtue que toi.

---

1. Hélène Boucher (1908-1934) accomplit seule le raid Paris-Saigon en 1929 ; et Maryse Bastié (1898-1952) fit seule la traversée de l'Atlantique Sud, de Dakar à Natal, en 1936.

Ma remarque l'amuse. C'est vrai que je lui ressemble. J'ai ses yeux, son caractère violent et emporté, son goût pour la solitude et la vie au grand air. Mais pour rien au monde, je ne voudrais lui ressembler moralement. Alors je lutte pour me vaincre. Pourtant, l'image que j'ai de lui et qui me paraissait haïssable s'est adoucie. Je l'ai vu faire bon marché de sa fatigue et de sa vie, je l'ai vu se conduire en héros. J'ai découvert un homme capable de souffrir et de pleurer sur les souffrances d'un autre homme.

Mes parents, des héros ? De ma mère, cela ne m'étonne pas. Il faut tant d'abnégation, tant de renoncement à une femme pour élever seule ses enfants, surtout dans les conditions précaires dans lesquelles nous vivons ! L'héroïsme devient vite une habitude. Mais lui, « le Vieux », l'ivrogne, le père à mes yeux si peu digne de ce nom, comme je me suis trompée sur son compte ! Comme le dit maman, il ne faut pas se fier aux apparences.

En ce moment, mon héros de père joue avec son petit garçon. Mue par je ne sais quelle impulsion, je me lève et je l'embrasse. Il me regarde alors attentivement, cherchant à comprendre.

— Je t'aime bien, tu sais, papa.

Il rougit et détourne vivement la tête. Ma déclaration le bouleverse plus qu'il ne veut le laisser paraître. Aurais-je sans le vouloir découvert le défaut de cette terrible cuirasse ?

Maman revient, portant un grand seau de lait. La matinée s'achève. J'ai préparé le repas et mis la table. Ma petite mère me complimente, chose qu'elle fait rarement. Sachant que j'adore les compliments, elle évite de m'en faire volontairement, craignant que je n'aie pas suffisamment de discernement, lorsque je serai grande, pour distinguer les compliments sincères de ceux qui ne le sont pas.

Nous nous partageons tous les trois le travail auprès des blessés. Papa se réserve bien sûr le plaisir de soigner le lieutenant. Ce plaisir, pour un peu, nous nous le disputerions. C'est vraiment notre enfant gâté, celui-là. Maman m'aide à redresser le jeune Allemand sur son lit. Nous lui calons le dos avec un énorme édredon de plumes. Confortablement installé il mange de bon appétit et les couleurs reviennent sur son visage pâlichon. Kerry et le vieil Allemand prennent leur repas à table. Je remarque qu'ils ne sympathisent pas du tout. Il est vrai qu'avec son visage renfrogné, l'Allemand décourage tout le monde.

Après le repas, maman reconduit Kerry dans sa chambre. L'idée de faire la sieste ne l'enthousiasme guère. Il a beau faire les yeux doux pour rester près de la cheminée, il n'obtient pas gain de cause : le repos, pour les blessés, c'est sacré. Maman reste intraitable. Voyant que Kerry n'obéit pas assez vite, elle lui fait les gros yeux, ce qui déclenche chez notre géant un formidable éclat de rire. Il saisit ma mère par le cou, l'embrasse comme si elle était sa propre mère et va se mettre au lit en riant encore aux éclats.

À quoi tient la vie ? Parce que maman obligea ce jour-là Kerry à aller faire la sieste, nous avons tous failli mourir quelques heures plus tard d'une mort atroce.

Notre repas terminé, les quatre blessés endormis, nous prenons tranquillement notre café. Tout est calme et silencieux. Sans le grondement de la bataille qui se poursuit, nous pourrions presque nous sentir en sécurité dans notre maison. Pourtant l'ange noir de la Mort s'approche à grands pas, sous les traits d'un homme encore loin de nous, très loin, mais que le père vient d'apercevoir. Il vient du PN 103 et se dirige vers nous. Il ne semble pas blessé et marche d'un pas rapide et assuré. Sans faire de bruit, père va dans la chambre et se saisit des jumelles de George, profondément endormi. Par la porte vitrée, il observe l'homme attentivement. Puis, silencieux, renfrogné, il revient s'asseoir à la table, devant la tasse de café.

— Qu'est-ce que c'est ? demande maman.

— Un Boche.

— Armé ?

— Pas que je sache. Mais il faut se méfier.

— Bof, nous ne risquons pas grand-chose. Même s'il a de mauvaises intentions, il verra bien que nous sommes de braves gens inoffensifs.

Montrant du doigt les Allemands endormis, elle ajoute :

— Il n'osera rien nous faire. Qui s'occuperait de ces deux-là ?

Je sens renaître en moi la peur, l'angoisse de ce matin. Je m'efforce de respirer longuement, profondément.

— Dois-je réveiller Kerry ? Il a un fusil...

Brutalement, le père répond :

— Je suis assez grand pour assurer votre protection tout seul. Mêle-toi de tes oignons et laisse Kerry tranquille.

Pour m'occuper les mains et l'esprit un instant, je ressers une tasse de café à mes parents. Maman me remercie d'un sourire. Pendant une fraction de seconde, son regard croise le mien. Je découvre dans ses yeux l'indécision, l'angoisse. Elle aussi a peur. Pourtant elle sourit.

Notre maison est la seule maison habitée sur la voie ferrée à des kilomètres à la ronde. L'Allemand va obligatoirement passer chez nous. Papa ouvre la porte et attend. Près de lui, légèrement en retrait à l'intérieur de la maison, nous observons, maman et moi, l'homme qui franchit la barrière de la cour. C'est bien un soldat allemand, un soldat dont le visage reflète la hargne et la colère à la vue des quinze tonnes de munitions qui encombrent la cour. Il fait le tour des caisses, en manipule quelques-unes. Père l'interpelle hardiment.

— Venez ici !

L'Allemand le toise d'un air arrogant. Sans se laisser impressionner, père insiste, de sa voix forte et autoritaire.

— Laissez ces caisses et venez ici !

L'Allemand semble comprendre le français. Il hésite un instant sur le seuil de la petite cour. Maman, en mettant un doigt sur ses lèvres, lui demande de ne pas faire de bruit. Puis, montrant l'intérieur de la cuisine, elle lui indique les deux blessés. Il se décide alors à entrer et ouvre des yeux ronds d'étonnement en voyant deux de ses compatriotes étendus là, calmement endormis. Croyant bien faire, j'ai la sotte idée de lui offrir une tasse de café, pensant que ce geste adoucira son attitude. Il me repousse avec brutalité, s'approche du vieil Allemand endormi et le secoue sans ménagement. Le blessé se réveille en sursaut. Ils commencent alors à discuter avec animation dans leur langue. Le vieil Allemand se lève et va en clopinant jusqu'à la porte. Ensemble ils regardent le tas de munitions. Leur conversation s'anime de plus en plus. Personne, parmi nous, ne comprend un mot de ce qu'ils disent. Se tournant vers nous, celui qui vient d'arriver nous dit brutalement, en français :

— Vous allez me donner immédiatement le nom des hameaux qui sont déjà aux mains des parachutistes américains.

La question est sans réplique. L'Allemand regarde mon père qui lui répond sur le même ton :

— Ça va pas dans ta tête ? Tu es sonné, mon bonhomme. Si tu crois que je vais te dire où sont les Américains, tu te fous le doigt dans l'œil.

— J'exige des noms tout de suite !

Je pense à part moi que l'Allemand ne sait pas à qui il

a affaire. Il va y avoir du vilain. J'ai vu juste : mon père se jette tout d'un coup sur l'Allemand, l'empoigne entre ses grosses pattes et lui tord un bras derrière le dos.

— Ici, mon gaillard, c'est le père Maurice qui commande. Alors tu vas faire comme tout le monde, tu vas obéir. Si tu n'es pas content, je te fais taire pour de bon, bougre d'imbécile.

Stupéfait, l'Allemand se laisse tomber sur une chaise qui se trouve près de lui. D'une voix radoucie, presque suppliante, il tente de s'expliquer.

— Comprenez-moi, monsieur. Je suis un soldat et je dois rejoindre mon unité.

Père lâche son bras.

— Qu'est-ce que tu veux que ça me fasse ? Pour toi, la guerre est finie. Tu vas rester là.

— Non monsieur, la guerre n'est pas finie. Je peux encore être utile. Je vous en prie, laissez-moi partir.

— Tu es moins fier, maintenant, hein ! Tu demandes la permission. Te laisser partir pour que tu te remettes à nous tirer dessus ? Tu es bouché ou quoi ? Tu ne trouves pas que ça suffit comme ça, que vous nous avez fait assez de mal ! Ma parole, vous êtes tous cinglés, dans l'armée allemande !

L'Allemand montre du doigt la tasse de café qu'il a repoussée tout à l'heure.

— Je peux ?

Maman fait oui de la tête. Il boit son café en silence. Puis il aide son vieux compatriote à se recoucher. Je les observe et je trouve étrange la façon chaleureuse qu'ils ont de se serrer les mains. Il n'y a pas de sentiments humains dans le cœur de ces deux-là. Je le sais, je le sens. Sans que nous nous en rendions compte, sous notre nez, ils sont en train de combiner notre mort à tous : blessés américains et blessés allemands, papa et maman et même nous, les deux enfants. La machination qu'ils sont en train de mettre au point est si parfaite qu'elle ne peut pas échouer. Lorsque nous nous en apercevrons, il sera trop tard. Nous serons prisonniers dans notre maison et nous devrons une fois encore nous en remettre à la grâce de Dieu.

Brusquement, l'Allemand bondit vers la porte, se met à courir comme un fou sur la piste et s'éloigne en longues foulées vers Fresville.

Surpris, père met quelques secondes à réagir. Devinant que la fuite de cet homme met notre vie en danger, il se précipite dans la chambre où dorment les Américains et se saisit du fusil de Kerry. Le temps presse. Sans doute est-ce le vieux blessé qui a suggéré à son compatriote de foncer sans attendre.

Hélas ! l'arme de Kerry est déchargée et nous ne trouvons pas le chargeur. Rageusement, le père repose le fusil, court au cellier et en revient armé d'une grenade qu'il a prise dans la caisse brisée. En deux enjambées, il se retrouve sur la piste. L'Allemand est déjà loin. Je connais mon père. S'il le voulait, il rattraperait le fuyard au pas de course. Il ne le fait pas. Tête basse, il rentre et bredouille :

— Je n'ai jamais tué personne, pas même un Boche. Je ne peux tout de même pas lui jeter cette grenade dans le dos.

— Tu as raison d'avoir écouté ta conscience, dit maman pour le réconforter. Ce n'est pas parce qu'ils se conduisent comme des salauds que nous devons en faire autant. Et elle ajoute tout bas : À la grâce de Dieu.

Elle ne croit pas si bien dire : nous allons en avoir besoin. L'Allemand rejoignit Fresville. Il s'était mis en tête qu'il fallait d'urgence faire sauter le dépôt de munitions qui encombrait la cour. Nous ne nous en doutions pas ; du moins notre crainte restait-elle vague. Réunis autour de la cheminée, pour la veillée, nous bavardions, maman et moi, des événements des jours derniers, lorsque le père nous dit tout à coup :

— Taisez-vous, les femmes !

Aussitôt, nous interrompons notre conversation. Kerry et Claude cessent immédiatement leur partie de dada, George se soulève sur un coude et écoute, lui aussi.

Un grondement lointain. Ce n'est que le bruit d'un avion. Maman reprend son raccommodage et je continue à rouler les bandes de drap qui serviront demain de pansements pour les blessés. La nuit est tombée depuis longtemps déjà.

Papa reprend sa place auprès de son lieutenant. Le vrombissement de l'avion se rapproche. Papa Maurice et maman se regardent en silence. Sans dire un mot, ils se lèvent. Maman éteint la lampe à pétrole posée sur la tablette de la cheminée de la chambre. Kerry et Claude protestent : ils ne peuvent plus jouer. Maman les fait taire.

Papa éteint la lampe de la cuisine. Puis il sort et ferme les volets. Avec un morceau de couverture, maman masque la porte vitrée qui n'a pas de volet. Le père rentre et revient s'asseoir près du lit où repose le lieutenant.

— Cet avion tout seul qui vole à basse altitude ne me dit rien de bon. Il cherche quelque chose de bien précis.

C'est à ce moment-là que le vieil Allemand, qui ne dormait pas, se dresse sur son lit et s'écrie tout joyeux :

— *Kaput*, vous *kaput* !

Donc il sait que l'avion vient pour nous. Et il nous l'apprend. Le père se lève d'un bon, s'approche de lui et lui flanque une paire de gifles magistrale. Le blondinet se réveille en sursaut. Il veut savoir pourquoi mon père a giflé son camarade. Ils s'expliquent bruyamment dans leur langue et le blondinet se met à pleurer.

Père revient vers le lit.

— Il cherche le tas de munitions dans la cour, dit-il. Il fait bien sombre, dehors. Avec un peu de chance, il manquera sa cible. Mais la chance, il faut l'aider. Pas de bruit, pas de lumière. Toi, maman, continue à entretenir les feux comme ils sont. J'ai regardé dehors, les cheminées ne fument pas. Choisis bien ton bois.

Le père a raison, le choix du bois est très important :

il ne doit être ni humide ni trop gros ; seul le petit bois sec et fin donne une flamme claire et sans fumée.

Là-haut, l'avion passe et repasse en suivant la voie ferrée. Il va forcément nous apercevoir. La maison à la peinture ocre doit faire une tache claire visible dans la nuit.

Les secondes semblent durer des heures. Le blondinet pleure toujours. Lui aussi sait maintenant ce qui nous attend tous et la perspective de la mort prochaine ne le réjouit pas du tout !

Un sifflement. L'explosion d'une première bombe, tombée dans les marais, tout près de nous, nous fait sursauter. L'eau a pourtant amorti la déflagration. Père murmure :

— Loupé. Pour cette fois.

— Qu'est-ce qui se passe ? lui demande petit Claude.

Chez nous, la mort fait partie de la vie. Sans se troubler, le père répond :

— Un avion boche cherche à nous tuer, mon petit. Mais ne t'en fais pas. Ta mère n'a qu'à prier *son* Bon Dieu et tout ira bien.

Depuis l'amélioration spectaculaire du lieutenant Wingate, Papa Maurice commencerait-il à croire en Dieu ?

Silence. On n'entend que le vrombissement de l'avion et le blondinet désespéré qui renifle. Alors, pour rendre son courage à cet adolescent de dix-huit ans, le vieil Allemand étend son bras et, comme il a dû le faire des milliers de fois, il hurle :

— *Heil Hitler !*

Ce cri sauvage retentit dans la maison silencieuse. Cette fois, c'en est trop : le père se fâche tout rouge. D'une main il empoigne le vieil homme, le soulève à bout de bras et le laisse retomber sur son lit de paille.

— Encore une connerie de ce genre et c'est sur le carrelage que je te laisse tomber !

L'Allemand grimace : son talon blessé, après ce traitement inattendu, le fait à nouveau souffrir. Cette fois, il a compris.

Les bombes se mettent à tomber. Je dépose mon ouvrage et mon petit frère grimpe sur mes genoux. À chaque explosion, il cache son visage contre ma poitrine. Une accalmie. Les explosions cessent un instant. Il lève alors vers moi ses grands yeux bleus et me demande :

— Nous allons tous mourir, Geneviève ?

Tout bas, contre son oreille, pour ne pas être entendue du père, assis derrière moi, je chuchote :

— Je crois bien que oui, mon poussin. Le pilote va sûrement nous manquer plusieurs fois, mais il finira par nous avoir.

— Tu as peur ?

— Un peu, oui. Mais ce n'est pas trop grave, puisque nous sommes ensemble.

— Serre-moi fort. C'est contre ton cœur que je veux mourir.

Je le serre très fort contre moi. Une bombe tombe sur la voie ferrée. Le choc et l'impression que nous en ressentons sont difficilement supportables. La maison vacille sur ses bases, elle grelotte autant que nous. Aurait-elle peur, elle aussi ?

— Dis, Geneviève, tu crois que le Bon Dieu va nous prendre tous les deux ensemble ?

— Bien sûr. Il sait que je t'aime et que tu m'aimes. Il ne voudra pas nous séparer.

— Et maman ? Et les blessés ? C'est bien triste.

— Tu sais, nous ne sommes pas encore morts. Là-haut, le pilote a l'air d'un fichu maladroit. Ou alors il est myope comme une taupe. Essaie de dormir. Ne pense pas à tout ce qui se passe.

— Qu'est-ce que tu avais prévu de m'offrir pour mes six ans ?

— C'est un secret ! Tu es bien indiscret. Ton anniversaire, c'est le 30 septembre. Attends jusque-là.

— Mais puisque nous allons mourir...

Claude était intrigué par mes fréquents séjours dans le cellier. Lorsqu'il voulait m'accompagner, je refusais systématiquement en lui disant : « Je travaille pour toi. Je bricole un joli cadeau pour ton anniversaire. »

Je crois bien que je vais devoir lui dire de quoi il s'agit. Je ne peux pas lui refuser ce dernier plaisir.

— Eh bien, voilà. J'ai trouvé une grosse poutre de sapin qui était tombée d'un train de marchandises. Je l'ai ramassée, rapportée ici et je taille dedans un cheval à bascule. Quand il sera terminé, tu pourras le monter avec ou sans roulettes.

— Qu'est-ce qui t'a donné cette idée ?

— Il y avait un beau cheval dessiné sur le bois : je n'ai eu qu'à découper en suivant les contours.

L'avion continue sa ronde infernale au-dessus de nos têtes. Une seconde fois, une bombe tombe sur la voie ferrée. Je serre plus fort mon petit frère contre moi. Appuyée contre le manteau de la cheminée, maman prie en silence. Immobile, assis près du lit, le père tient dans ses mains une main de son lieutenant.

Les minutes passent et l'espoir revient. Cet avion ne doit pas avoir une charge de bombes inépuisable...

— Dis Geneviève, qu'est-ce qui va se passer si une bombe tombe sur le tas de munitions ?

— Tout explosera. Il ne restera plus rien de la maison et de nous tous. À la place, il y aura un grand trou qui se remplira d'eau.

— Les gens de Sainte-Mère, ils vont l'entendre, l'explosion ?

— Bien sûr. Mais rassure-toi. Bientôt, l'avion n'aura plus de bombes.

Le temps s'écoule très lentement. Nous continuons à attendre la fin de notre cauchemar. Brusquement, l'avion donne l'impression de s'éloigner vers le 103 et de bombarder un peu au hasard les environs de l'autre passage à niveau. De loin, nous regardons les éclairs de ces explosions qui ne nous concernent plus. Pourtant, maman recommence à trembler, cette fois pour Francis resté seul, là-bas, à la Bergerie. Et la Bergerie n'est pas bien loin du PN 103...

Les bruits, peu à peu, s'estompent. Mais personne n'ose aller se coucher. Sait-on jamais ? Si l'avion allait revenir ?

Alors nous restons là, sans bouger. Nous passons la nuit entière près du feu.

Samedi 10 juin 1944

Une surprise colossale ! Nous en avons eu, depuis le 5 juin ! Mais jamais nous n'avons vu un tel spectacle, une telle désolation. Les bombes ont coupé les voies en direction du PN 103 et de Fresville. Brisés, les poteaux télégraphiques ont été réduits en brindilles. Les rails tordus sortent du ballast éventré. Dans les marais, les trous de bombes forment des creux profonds au-dessus desquels des tourbillons d'eau frémissent et s'agitent. Le chapelet de bombes larguées autour de nous forme un cercle de cent cinquante mètres de diamètre et dont la maison et le dépôt de munitions occupent le centre.

À première vue, c'est incompréhensible. Bien sûr, il est

possible que l'avion allemand qui a cherché à nous détruire n'ait largué que des bombes sans grande portée, mais tout de même : ce cercle parfait qui nous enserre semble miraculeux. Papa, Kerry, maman, Claude et moi regardons en silence. Le plus sérieusement du monde, papa dit à maman :

— Tu diras à ton Bon Dieu que je lui tire mon chapeau.

— Rien ne t'empêche de faire tes commissions toi-même.

Le père hausse les épaules et rentre dans la maison. Le vieil Allemand qui me faisait si peur et dont nous connaissons à présent les sentiments à notre égard semble mal à l'aise.

Pour que notre aventure d'hier avec le soldat allemand ne se reproduise pas, Papa Maurice décide de demander à l'officier responsable du quartier général installé dans la ferme de nous octroyer une sentinelle armée.

Négligeant toute prudence, pressé d'arriver à la ferme, le père enfourche sa bicyclette. Nous le regardons aller et venir, zigzaguer sur la piste, nous attendant à tout moment à le voir tomber frappé d'une balle. Les Allemands du château d'Amfreville ne désarment pas. Par bonheur, Papa Maurice échappe une fois de plus à ce tir incessant.

Les nouvelles qu'il rapporte sont catastrophiques : les parachutistes n'ont plus de munitions. Ils en sont réduits, pour garder les positions acquises, à se battre à l'arme blanche. La bataille la plus violente se déroule à la patte-d'oie de Cauquigny. Ce qui se passe là-bas est affreux ; installé dans les ruines de la ferme Leroux, le général Gavin commande à des hommes qui se savent condamnés si personne ne vient les aider dans les heures qui suivent.

Heureusement, il y a Papa Maurice. L'officier à qui il avait montré le stock de munitions entassé dans la cour a été tué sans avoir eu le temps d'en parler. Personne ne savait, à la ferme, que le père avait passé soixante-douze heures à récupérer ces caisses dont les combattants ont tant besoin. Cet exploit leur paraît d'ailleurs si invraisemblable que les Américains, lorsqu'il le leur a raconté, ne l'ont cru qu'à moitié. Dix tonnes de munitions et cinq tonnes de vivres. C'est plus qu'il n'en faut.

— Ils arrivent, dit Papa Maurice. Ils vont venir les prendre.

Aussitôt, sous le tir continu des Allemands, des soldats US font la navette entre la ferme et le 104. Ébahis, les premiers arrivés sifflent d'admiration en apercevant les caisses et le chapelet de trous qui les entoure. Mais l'heure n'est pas à l'extase. Les hommes de Gavin attendent ces vivres et surtout ces munitions avec impatience. À dos d'homme, les soldats les évacuent. Il leur faudra presque toute la journée pour tout emporter. J'ai le cœur serré en voyant ce que sont devenus « nos » parachutistes. Les grands garçons rieurs et chahuteurs que nous avons reçus chez nous sont à présent des hommes au visage creusé par la fatigue et par la faim, des hommes au regard farouche, déterminés à se battre jusqu'au bout. Ils sont sacrifiés et ils le savent. Quant à nous, nous ne pouvons rien pour eux. Notre impuissance à les aider me submerge d'amertume. Pour la première fois, je regrette d'être jeune, trop jeune. Il me serait doux d'être à leurs côtés, de panser leurs blessures, de leur tenir la main pour les aider à mourir. Même cela, je ne pourrai pas le faire. Et le souvenir de la bataille de Cauquigny, en cette terrible journée du 10 juin, reste un des souvenirs les plus atroces de ma vie. Aujourd'hui encore, je ne peux l'évoquer sans pleurer.

Dix-sept heures

Appuyée contre le montant de la fenêtre de ma chambre, armée des jumelles du lieutenant, j'observe la progression d'un groupe d'hommes courbés qui avancent en bordure du Grand Marais. Ils marchent le long de la haie de clôture, sur la petite bande de terre non inondée. À cet endroit, le terrain est très humide, mais découvert sur environ trente mètres. Mon regard se pose un instant sur un retardataire qui soudain se redresse. Un cri m'échappe :

— Mais c'est un Allemand !

Pas de doute : ce groupe qui se faufile en direction de

la chapelle de Cauquigny, tenue par les Américains, est un groupe de soldats allemands. Ils viennent probablement du château d'Amfreville. Ils avancent très lentement, avec d'infinies précautions.

Je sais que nos parachutistes, retranchés dans la chapelle, n'ont plus de munitions. Le contenu des caisses n'a pas encore été distribué. Leurs transporteurs les ont déposées dans la ferme proche du PN 103. Entre elle et la chapelle, le chemin est long : il y a le château de La Fière, la ferme Leroux, quartier général du général Gavin, et le pont du Merderet. Les soldats embusqués dans la chapelle sont donc aux avant-postes. Ce sont eux et eux seuls qui vont subir l'assaut allemand. Si nous n'intervenons pas, ils vont être pris au dépourvu et se faire massacrer.

Que puis-je faire ? Que pouvons-nous faire ? La ronde des « pourquoi » et des « comment » recommence. Soudain, une idée me vient : Papa Maurice. Lui seul, sur sa bicyclette, en passant par la voie ferrée d'abord, puis par le chemin du château de La Fière, pouvait arriver à la chapelle avant les Allemands. S'il parvenait à les prévenir à temps, les soldats pourraient se ressaisir et s'organiser.

J'hésite une seconde : la petite fille que je suis reprend le dessus. Si j'appelle le père, je vais être obligée de lui avouer que je me suis servie des jumelles sans son autorisation. Je suis bonne pour une raclée. Tant pis. Je dégringole les escaliers à toute vitesse.

— Maman, maman ! Où est papa ?

— Dans le cellier. Mais qu'est-ce qui se passe ?

Sans prendre le temps de répondre, je cours au cellier. Attrapant mon père par la manche de sa veste, je l'entraîne sans lui laisser dire un mot.

— Vite !

Du doigt, je lui désigne l'autre extrémité du marais.

— Vite !

Nous escaladons les marches quatre à quatre. Père se saisit des jumelles et regarde. Il pousse un juron.

— Nom de Dieu ! Ces salauds vont attaquer nos gosses !

— Laisse-moi aller là-bas ! Il faut faire quelque chose ! Je vais rafler tout ce que je vais pouvoir trouver pour faire des pansements. Après la bagarre, les blessés auront besoin de soins. Je t'en prie, laisse-moi y aller !

— D'accord, vas-y. Moi, je pars devant. Toi, demande d'abord la permission à ta mère.

— Et si elle ne veut pas ?

— Obéis à ta conscience, ma fille.

— J'y vais. Je te rejoindrai. Tu prends la bicyclette ?

— Bien sûr. Je ne suis pas sûr de pouvoir aller jusque là-bas, mais je vais essayer. En passant, je préviendrai les soldats stationnés près du 103, dans la ferme. Ils ont groupé les munitions dans la grange.

— Ils ont pris tout ce que tu avais repêché ?

— Presque tout. Il ne reste plus qu'un ou deux voyages à cinq ou six hommes.

— On y va, papa ?

— On y va, ma fille. En route, essaie de prier ton Bon Dieu. Nous allons en avoir besoin, et eux aussi. Si on ne devait plus se revoir, toi et moi, je te souhaite bonne chance, petite.

— *Good luck*, Papa Maurice.

Spontanément, je l'attrape par le cou et je l'embrasse pour la première fois de ma vie avec un plaisir aussi évident. Nous descendons vivement au rez-de-chaussée. Sans rien dire à maman, papa sort sa bicyclette du cellier et fonce vers le 103. J'essaie de calmer l'émotion qui me gagne à l'idée d'affronter maman. Je dois lui faire part de notre décision et je sais que cela ne va pas se passer tout seul.

— Vite, maman, donne-moi tout ce que tu peux trouver comme linge pour faire des pansements. Je vais à Cauquigny avec papa. Il va y avoir beaucoup de blessés.

— Comment le sais-tu ?

— Nous avons tout vu avec les jumelles. Il y a une troupe d'Allemands qui s'avance par le marais et s'approche de Cauquigny. Les Américains de la chapelle n'ont que leur poignard pour se battre. Vite !

— Tu ne bougeras pas d'ici !

— C'est ce qu'on va voir. Le père m'a permis d'y aller.

— Les enfants n'ont rien à faire sur les champs de bataille. La guerre, c'est l'affaire des grandes personnes.

— Tu as peur que je me fasse tuer, c'est ça ? Eh bien, tant pis si je meurs ! Je préfère mourir là-bas avec eux, que continuer à vivre dans une famille où je suis moins bien traitée que le chien !

Une colère redoutable commence à me gagner. Avant que maman soit revenue de sa surprise, j'entre en coup de vent dans la chambre, sous le regard intrigué de George qui se demande pourquoi diable nous nous disputons. Ouvrant l'armoire d'un geste vif, je saisis une paire de draps et je cours vers la sortie.

Trop tard. Maman a fermé la porte et elle s'y appuie, me barrant le passage.

— Calme-toi et écoute-moi.

— Je regrette, je n'ai pas le temps.

— Geneviève je t'en prie, écoute-moi une minute.

— Maman, je vais me fâcher pour de bon !

Je ne me mets pas très souvent en colère, mais, lorsque cela m'arrive, je ne me contrôle plus et la fureur me donne une force herculéenne. Ma mère le sait. Si elle ne s'écarte pas d'elle-même, je n'aurai aucun mal à la repousser.

Dernière tentative de conciliation :

— Voyons, maman, ce n'était pas la peine de les sauver de la noyade pour les abandonner maintenant. Si tu avais une seule raison valable de m'empêcher d'aller là-bas, je t'obéirais, mais tu n'en as pas. Ne vas pas me dire que je suis trop jeune. Je suis aussi vieille que toi ! Ce n'est pas étonnant : avec la vie que je mène ici !

Qu'est-ce que tu fais pour m'empêcher de souffrir ? Rien. Tu te contentes de pleurer dans ton coin !

La colère me submerge tout entière. J'ai conscience de dire des choses abominables qui blessent profondément ma pauvre mère. Elle pleure. Mais ses larmes me laissent indifférente tant ma propre peine est grande. À l'idée que nos amis vont mourir, je sens mon cœur se briser. Je donnerais volontiers ma propre vie pour les sauver et maman ne veut pas comprendre !

— Geneviève, j'ai une raison grave de t'empêcher d'aller là-bas. Laisse-moi te donner cette raison. Ensuite, tu réfléchiras. Et si tu es toujours décidée à partir, je te laisserai aller.

Je me calme un peu. Les draps dans mes bras, je l'écoute.

— Lorsque tu te promènes dans les prés avec ton petit frère, tu es obligée de le surveiller, de faire attention à ce qu'il ne s'approche pas trop de l'eau. Eh bien, avec les soldats, ce sera la même chose. Ils seront inquiets pour toi. Au lieu de penser à se défendre, eux, ils penseront à te protéger, toi. Cette inattention risquera de leur coûter la vie. C'est ça que tu veux ?

Ma colère reflue, je me calme de plus en plus. Ma mère a raison. Je n'avais pas pensé à ce qu'elle vient de me dire. Émue, je la regarde.

— J'ai été odieuse, pardonne-moi.

— N'en parlons plus. Je comprends ce que tu ressens, mais qu'est-ce que tu veux, c'est la guerre.

— Je ne peux rien faire, alors ?

— Mais si : tu peux prier, prier et offrir ton chagrin, ton angoisse, t'offrir toi-même...

— M'offrir moi-même... Tu parles d'un cadeau. Le Bon Dieu serait content, avec moi !

— Va dans ta chambre et réfléchis.

Je lui demande encore une fois pardon, je pose les draps et je m'en vais. J'ai l'impression de porter sur mes épaules le poids de toute la misère humaine. Je m'assieds un instant sur mon lit et j'essaie de réfléchir. Ce que m'a dit maman me semble bien ténébreux. Offrir mon chagrin, offrir ma souffrance, offrir ma vie, même. Pourquoi ? Quel bénéfice immédiat mes amis les soldats peuvent-ils en tirer ?

Mon regard s'arrête sur les jumelles restées accrochées à l'espagnolette de la fenêtre. Ma méditation devient si profonde que je les contemple sans vraiment les voir. Pourquoi faut-il que d'un coup, sans y penser, je me lève, je m'approche de cette fenêtre pour me saisir de ces jumelles. Pourquoi ?

Là-bas, à Cauquigny, les Allemands ont encerclé la petite chapelle. Un à un, nos soldats sont contraints de se rendre : ils n'ont plus de munitions depuis plusieurs heures. Il ne leur reste plus que leur poignard. Je les aperçois, encadrés par les Allemands. Ils avancent, en colonne par deux, à la lisière du Grand Marais. J'imagine qu'ils vont être conduits au château d'Amfreville, où les Allemands ont leur quartier général. Il y a environ une trentaine de soldats allemands et autant de parachutistes. C'est du moins ce qu'il me semble. Les Américains marchent les mains levées à hauteur du visage ; ils vont bien vers le château.

Ils ont parcouru trois ou quatre cents mètres lorsque deux Allemands se saisissent d'un de leurs prisonniers et le font sortir du rang. Sous la menace de leurs armes, ils l'obligent à se dévêtir entièrement. Ils lancent ensuite sur une branche d'arbre une corde qu'ils ont au préalable nouée autour de ses chevilles. Le pauvre parachutiste se trouve suspendu la tête en bas. Je n'en crois pas mes yeux. Mes parents m'ont souvent affirmé qu'en temps de guerre les prisonniers et les blessés étaient relativement bien traités. Alors à quoi rime cette pendaison la tête en bas ?

Je continue à observer. Un Allemand qui me semble armé d'un poignard s'approche du pendu et commence sur lui un horrible travail de mutilation. L'homme se débat et tente vainement de se protéger. L'Allemand, calmement, comme s'il avait tout son temps, continue son travail de bourreau. Je sanglote de rage, d'horreur, d'impuissance. Cette scène effroyable se déroule au-delà des marais inondés, à environ un kilomètre et demi de la maison. Distance infranchissable. J'ai quand même la tentation de demander à maman de m'aider à transporter le bateau, qui se trouve au bord du Petit Marais, de l'autre côté des voies. Si j'arrivais ainsi avec la barque, sans armes, moi, la petite fille sans défense, peut-être aurais-je une chance d'impressionner les Allemands, de leur donner honte de leur conduite ? Peut-être, alors, feraient-ils grâce au malheureux qu'ils mutilent ?

Hélas, mon projet n'est pas réalisable. Il me faudrait plus de deux heures de navigation pour traverser le Grand Marais. J'ai énormément de peine à manœuvrer la grande perche de bois qui sert à pousser la barque et, en deux heures, le malheureux pendu aura le temps de mourir dix fois. D'ailleurs, rien ne me dit que les Allemands auront pitié de ma détresse.

Je lâche un instant les jumelles pour essuyer les larmes qui coulent sur mon visage et qui brouillent ma vue. Puis, à nouveau, je regarde.

Les autres prisonniers s'agitent. Soudain, un groupe de six à dix hommes bondit d'un seul élan sur les Allemands occupés à regarder torturer leur camarade. Je ne parviens pas à voir s'ils ont conservé leur poignard mais il est probable que non. Une mêlée subite aussitôt suivie d'un crépitement d'armes automatiques met fin à leur héroïque tentative. Ils tombent presque tous en même temps. J'ai l'impression que les Allemands ont volontairement visé les jambes. Je ne vais pas tarder à savoir pourquoi.

Ceux qui n'ont pas participé à la tentative des parachutistes pour libérer leur camarade pendu sont forcés de relever leurs compatriotes blessés qui viennent de tomber pêle-mêle. Ils les traînent jusqu'au bord de la haie de clôture, les assoient le dos contre le talus et s'éloignent, toujours sous la menace des pistolets mitrailleurs.

Avec des armes qui me semblent être des poignards, mais que je n'arrive pas à identifier à cause de la distance et aussi parce que les Allemands me tournent le dos, les soldats recommencent leur terrible jeu de massacre. De leurs bras repliés, les parachutistes tentent de protéger leurs visages. Les armes brandies par les Allemands lancent des reflets métalliques. Leurs bras s'abaissent, se relèvent. Je ne vois que ces reflets, et leurs dos.

Maman me dit souvent que je ne suis pas une petite fille comme les autres. Cette fois, je vais en avoir la preuve. Il se crée soudain entre ces soldats et moi une étrange symbiose : leur agonie, je la vis, les coups qu'ils reçoivent, je les reçois. J'ai mal, j'ai tellement mal, comme si mon corps était lardé de mille blessures. Les deux premiers coups me transpercent les bras au-dessus des coudes. Ensuite je ne sais plus. J'ai si mal que j'en ai la nausée. C'est plus que je n'en peux supporter. Je tombe à genoux.

Et je prie. J'offre ma douleur, mon angoisse, les souffrances qui vrillent mon corps de partout, ma vie même, pour que cesse enfin cet abominable massacre. Mais qui m'entendra ? Et qui m'exaucera ?

Combien de temps dure cette tuerie ? Trois quarts d'heure ? Une heure ? Je ne sais pas. La dernière vision que j'ai de cette boucherie est l'image de deux Allemands coupant la corde qui retient le parachutiste pendu. Ils le traînent et le jettent dans les eaux du marais. Puis, satisfaits de leur sinistre besogne, ils reprennent sans se cacher la direction du château. Aucun prisonnier ne les accompagne. La nuit tombe, recouvrant d'un voile d'ombre les corps des malheureux suppliciés. C'est fini : la bataille de Cauquigny est terminée. Elle vient de s'achever sur le massacre de soldats sans défense. J'ai honte, brusquement, de vivre sur une terre où l'on tolère de pareilles atrocités. Maintenant je le sais et rien ne pourra me faire changer d'avis : nous sommes en enfer.

Je regagne le rez-de-chaussée. La sentinelle américaine mise à notre disposition depuis ce matin, Kerry et mon petit frère, ignorants du drame qui vient de se dérouler, disputent une partie acharnée de dada. Ils me regardent, à peine étonnés de voir mon visage ravagé par les larmes et la souffrance. Ils s'imaginent sans doute que maman m'a envoyée en pénitence dans ma chambre.

Sans bruit, je m'approche du lit où repose le lieutenant Wingate, avec l'intention de remettre les jumelles à leur place, sur la table de nuit, sans le réveiller.

George ne dort pas, comme je le croyais. Il me dévisage et me dit :

— Oh, Dgenevi, vous beaucoup pleurer.

Je fais oui de la tête, incapable de prononcer un son. Je prends sur la table de nuit le petit carnet et le crayon qui s'y trouvent en permanence. Les quelques mots d'anglais que je connais, je les écrirai mieux que je ne les prononce. Alors j'écris :

— *German soldiers very bad men.*

Je ne connais pas, dans mon vocabulaire restreint, de mot plus fort que *bad*. Je le regrette. George lit ma petite phrase.

— *Why, Dgenevi ?*

Je reprends le carnet et j'écris à nouveau :

— *German have killed 30 American soldiers.*

Le lieutenant se redresse vivement sur un coude, lève vers mon visage la petite lampe à pétrole et me regarde longuement.

— *Where, Dgenevi, where ?*

— *Two kilometers, George.*

J'ai répondu de vive voix, sans écrire, et je montre du doigt la direction d'Amfreville.

— *Are they all dead ?*

— *Yes.*

George reprend ses jumelles, les pose sur la table de nuit et se saisit d'une serviette de toilette humide qu'il garde toujours à portée de la main. Avec des gestes doux, il essuie mon visage ruisselant de larmes.

— *My little Dgenevi, oh my little Dgenevi...*

Je me sens vieille et fatiguée, fatiguée à en mourir. J'embrasse George et je décide d'aller me mettre au lit immédiatement. Ce soir, maman se débrouillera seule avec ses blessés. La sentinelle ne demandera pas mieux que de lui donner un coup de main ; Kerry non plus, d'ailleurs.

En passant dans la cuisine, je dis à maman, occupée à mettre la table pour le repas du soir :

— Ne me parle plus jamais de ton Bon Dieu. Je n'y crois plus. Ce sont des histoires.

Maman, qui ignore tout et croit que je pense à notre scène de tout à l'heure, répond :

— Tu dis cela parce que tu n'as pas été exaucée immédiatement ? Pour quelques hommes sacrifiés, sais-tu combien Dieu va en sauver ? Non, alors ne juge pas ce que tu ne connais pas.

Je hausse les épaules. Je me sens tellement triste que je refuse de souhaiter le bonsoir à qui que ce soit. Même mon petit frère n'a pas droit à son baiser habituel. Comment pourrait-on souhaiter un « bon » soir après ce qui vient de se passer ?

Abrutie de fatigue, anéantie par le chagrin, je ne tarde pas à m'endormir. Ce soir, je ne ferai pas ma prière. Je ne la ferai jamais plus. Le Bon Dieu, ce soir, n'est plus mon ami.

J'appris par la suite que Papa Maurice ne put, comme il en avait l'intention, arriver jusqu'à Cauquigny. Quand il rencontra enfin les Américains, la bataille était déjà commencée. Un rescapé de cette bataille me précisa que les parachutistes s'étaient aperçus à temps de l'arrivée des Allemands. Ils se replièrent à huit cents mètres de la chapelle, dans les ruines de la ferme de maître Jean Leroux, près du pont du Merderet, laissant seize volontaires chargés de couvrir leur repli. Ces volontaires n'étaient donc pas trente, comme je l'avais cru. Ce sont ces seize hommes qui furent capturés par les Allemands. Il n'y eut parmi ces seize-là aucun survivant.

Dimanche 11 juin 1944

Le premier coup d'œil que je jette sur les marais me fait percevoir qu'il se passe quelque chose. Et quelque chose d'insolite. D'abord, il fait grand jour : je me suis donc réveillée beaucoup plus tard que de coutume. À cela, rien de foncièrement anormal : je n'ai pas dormi la nuit précédente, j'ai donc simplement rattrapé mon sommeil en retard. L'eau des marais clapote autant que d'habitude, le temps est toujours aussi mauvais. J'éprouve une impression curieuse, indéfinissable, une question tourne dans ma tête : que se passe-t-il donc ? Je dévale les escaliers au risque de me rompre le cou. Au bas de cet escalier, la porte tout juste repoussée ne parvient pas à freiner mon atterrissage en catastrophe et j'aboutis sans le vouloir dans les bras de la sentinelle qui, debout, s'appuie contre le buffet de la cuisine. Mon arrivée intempestive la fait rire aux éclats. Elle me dit dans sa langue quelques mots que, bien entendu, je ne comprends pas, et mes parents, eux aussi, éclatent de rire.

Je comprends de moins en moins. L'atmosphère est détendue, les visages de papa et maman sont comme illuminés, la joie fait rayonner leur regard. Mais que se passe-t-il donc, à la fin ? Je dois savoir.

— Maman, dis-moi vite ce qui se passe !

— Petite curieuse, dis d'abord bonjour, je t'expliquerai ensuite.

Je m'exécute à toute vitesse : un baiser à Kerry et à George, un à maman. J'hésite un instant devant le père. Puis je prends mon courage à deux mains et, au lieu du traditionnel « Bonjour papa », je pose sur sa joue un gros baiser sonore. *Idem* pour la sentinelle qui réclame le sien. Je me tourne ensuite vers maman :

— Alors ?

Sans rien dire, le père me tend les jumelles, m'entraîne dehors et me désigne du doigt le château d'Amfreville.

Brusquement, je m'aperçois que nous sommes sur la voie ferrée, *à découvert,* et que personne ne semble nous tirer dessus. Silence. J'ajuste les jumelles et je regarde vers l'endroit indiqué. Quelques secondes passent, je ne remarque rien de précis. Le père s'approche de moi et oriente les jumelles dans la bonne direction. Alors je vois. Insolite détail, inouï, fabuleux, inimaginable ! Là-bas, sur le toit du château d'Amfreville, flotte un drapeau américain. Un vrai, le merveilleux emblème de la liberté, s'agite sous le vent. Tout de suite, je le reconnais. Cette bannière étoilée, avec ses lignes rouges, Mlle Burnouf, notre institutrice, nous l'a fait un jour dessiner en classe, avec les pauvres mines grasses qui nous servaient à l'époque de crayon de couleur. Jamais nous ne nous sommes autant appliqués à faire un dessin. Nous savions pourtant que nous ne le conserverions pas, qu'après l'avoir longuement contemplé, nous le ferions brûler dans le vieux poêle qui chauffait la classe. Il n'était pas question d'en garder un seul sur soi.

Mlle Burnouf nous fit également dessiner les drapeaux de nos alliés anglais et russes. Elle promit de nous apprendre, dès la fin de la guerre, les hymnes de ces pays et de nous les faire chanter dans leur langue d'origine.

Je regarde encore, pour m'assurer que je ne rêve pas. Non, je ne rêve pas, c'est bien vrai, le drapeau américain flotte bien devant moi, là-bas, sur le toit du château que les Allemands ont déserté. Bientôt, leur présence chez nous ne sera plus qu'un mauvais souvenir. Les Américains ont pris le château, donc la guerre est gagnée, donc elle est finie.

Illusions d'enfant, douces illusions. J'ignore encore que la guerre va s'éterniser pendant presque un an, que des milliers d'hommes aujourd'hui riants ne seront bientôt que des cadavres ou des infirmes à vie, j'ignore encore combien de sacrifices il faudra pour que le monde retrouve enfin la liberté.

Pour l'instant, je ne sais rien de tout cela : je ne vois que ce drapeau, je n'entends que ce silence. Et je comprends enfin que ce qui m'a tant intriguée à mon réveil, c'est l'absence de bruit.

Nous avons vécu pendant des jours entiers au milieu d'un vacarme si effroyable que nous avons fini par nous y habituer. Aujourd'hui, le vacarme a cessé, nous pouvons à nouveau circuler à découvert sur les voies sans entendre aussitôt le miaulement aigu des balles, nous sommes sains et saufs, nous sommes libres.

— Papa, dis-moi vite ce qui s'est passé.

— Les troupes qui devaient arriver par mer sont là. Elles ont réussi à faire leur jonction avec nos soldats.

— Nos soldats. Enfin ils vont pouvoir se reposer. Oui, mais combien en reste-t-il ? D'un seul coup, le massacre d'hier me revient en mémoire. Ce n'est pas possible ! Ceux-là sont morts pour rien ! Sans un mot, je rends les jumelles au père et je remonte dans ma chambre. Pour une fois, mon petit frère dort dans son lit. Je le secoue sans ménagements :

— Claude, mon petit Claude ! La guerre est finie ! Les Américains ont gagné !

Affolé par ce réveil brutal, il me regarde en se frottant les yeux.

— Répète.

Je l'enlève dans mes bras, je l'approche de la fenêtre

et je lui montre le château. D'où nous sommes, nous voyons très bien le beau drapeau qui flotte sur le toit. Sans m'en rendre compte, je le serre si fort dans mes bras que Claude est sur le point d'étouffer.

— Si tu continues, je vais mourir asphyxié.

Il a raison, je suis une brute. Avec douceur cette fois, je le pose sur le lit. Son visage et son regard sont empreints d'une telle gravité que je ne peux m'empêcher de lui demander pourquoi il n'est pas heureux. Pensif, il répond :

— Tu n'as rien oublié ? Puisque la guerre est finie, nous avons un grand merci à dire au Bon Dieu. Faisons-le tout de suite.

Joignant le geste à la parole, il glisse à genoux au pied du lit et s'absorbe dans une fervente prière. Pour l'instant, je n'ai pas envie de l'imiter. Je garde encore au fond du cœur une rancune tenace contre Dieu. Et puis, aujourd'hui, j'ai une chose beaucoup plus importante à faire : je dois apprendre la liberté.

Pour ne pas déranger Claude, je sors de la chambre sans faire de bruit, je redescends presque calmement les escaliers et je remonte sur la voie. Voilà cinq jours que je n'ai pas pu faire un seul pas sur les rails. Je regarde attentivement les marais devenus silencieux et je siffle mon ami le pivert. Il tarde à venir. Je siffle à nouveau. Rien, personne ne répond à mes appels. C'est bien ce que je craignais : les oiseaux sont morts ou alors ils sont devenus muets de terreur. Les abominables tueries qui ont eu lieu autour de nous ont détruit leur gaieté. Je vais devoir apprendre à vivre sans eux et peut-être même sans le soleil. Car il n'est pas là, lui non plus : d'épais nuages gris, semblables à un immense voile de deuil, recouvrent le ciel depuis tant de jours ! Et si le soleil, lui aussi, avait décidé de ne jamais revenir ? Sans le soleil, sans les oiseaux, comment pourrai-je supporter la vie ? Une infinie détresse m'envahit. Intriguée par mon immobilité, ma mère qui m'observait du seuil de la porte s'approche de moi et passe son bras autour de mes épaules.

— Eh bien, petite, tu en fais une tête !

J'éclate en sanglots et je cache mon visage contre sa poitrine. Doucement, maman m'apaise.

— Tu as été si courageuse, ces jours-ci, ce n'est pas maintenant que tout est fini que tu vas flancher.

— J'ai appelé les oiseaux et ils ne sont pas venus. Le soleil ne se montre pas. Tout est si triste !

— Ils reviendront, tes oiseaux. Laisse-leur le temps d'oublier la peur qu'ils ont eue. Toi non plus, tu n'as pas chanté, ces jours-ci. Pourtant tu n'es pas morte. Quant au soleil... Regarde : les nuages s'effilochent. Il sera là en début d'après-midi. Et quand nous aurons tous oublié ce qui vient de se passer, tout redeviendra normal.

— Jamais je n'oublierai !

— Mais si. Le temps efface tout. Peu à peu, les souvenirs s'estompent. D'abord, c'est un petit détail qu'on n'arrive pas à retrouver, puis c'est une journée entière. On a beau faire, elle a disparu, on ne s'en souvient plus.

— Non, maman. Je sais que je n'oublierai pas. Quand je serai très vieille, si j'ai des petits-enfants, je pourrai tout leur raconter en détail, sans me tromper.

— Peut-être bien, après tout. Tu n'es pas une petite fille tout à fait comme les autres. Sait-on jamais ?

Ma mère se trompait. En découvrant la guerre et son cortège d'horreurs, j'étais devenue une petite fille comme les autres. J'avais perdu l'innocence de l'enfance et les oiseaux ne s'y trompèrent pas. Jamais plus ils ne volèrent vers moi à mes appels.

Puisque la guerre est finie, je demande à ma mère de me laisser aller à la messe de onze heures à Sainte-Mère-Église. J'ai encore le temps de m'y rendre.

— Sûrement pas ! Tu ne bougeras pas d'ici. Personne ne sait encore ce qui se passe là-bas. Pas question d'y aller pour l'instant. Il faut attendre.

— Et ma communion qui a lieu dans quinze jours !

— Inutile d'insister. Si tu es sage, tu pourras peut-être aller voir ton grand frère à la Bergerie cet après-midi, mais rien d'autre. Tu verras comme il est beau, le planeur ! Et puis tu pourras emmener Claude, si tu me promets de bien veiller sur lui.

— Parbleu ! Ça va de soi !

Maman m'entraîne alors dans la cuisine et me sert mon petit déjeuner. Avant de boire mon café, je monte chercher mon petit frère. Un coup d'œil en passant par la fenêtre du grenier et j'aperçois le père sur les marais. Il dirige sa barque vers la Bergerie. Mon petit frère est toujours à genoux, plongé dans une interminable prière. Je le regarde un moment.

— Claude, viens déjeuner, maman nous attend.

Il ne bouge pas, il ne semble pas avoir entendu. Doucement, je pose ma main sur son épaule.

— Viens, maman nous appelle.

Il semble alors émerger d'un rêve intérieur et me regarde sans comprendre. Le prenant dans mes bras, je l'emporte contre son gré. Si je lui avais laissé le choix, je suis sûre qu'il aurait préféré rester seul. J'admire et j'envie sa façon de pouvoir s'isoler et prier avec une telle intensité, une telle ferveur. Je ne sais pas prier et je ne saurai sûrement jamais. Lorsqu'il me demande de l'aider à faire sa prière, je le fais volontiers, pour lui faire plaisir, mais je sais que c'est lui, le petit, qui pourrait me donner des leçons.

Je le charge sur mon épaule et nous descendons au rez-de-chaussée. Je prends toutefois bien garde de ne pas dévaler les escaliers à la même vitesse que ce matin. Je dépose mon précieux fardeau entre les bras de maman qui rit de le voir gigoter. Nous prenons notre petit déjeuner en bavardant tous les deux. Le château est tombé, la guerre est finie. Pour nous, c'est tellement merveilleux que nous avons du mal à y croire. J'ai une foule de projets en tête. Claude m'écoute, mon enthousiasme le fait sourire. Son regard s'anime lorsque je lui annonce que nous irons sûrement à la Bergerie cet après-midi.

Notre petit déjeuner terminé, je pose mon petit frère

debout sur une chaise entre l'horloge et le manteau de la cheminée et je commence à l'habiller. Agenouillée devant l'âtre, maman cire et fait briller les briques rouges, comme tous les dimanches. Allongés, les deux blessés allemands somnolent.

Tout d'un coup, en fouillant la poche supérieure de son uniforme, notre « ange gardien », la sentinelle, fait un faux mouvement et une de ses grenades quadrillées se décroche, tombe et roule sur le sol en direction de la porte, fermée à cause du froid.

Au bruit que fait la grenade en heurtant le sol, maman et moi nous nous retournons. Il nous faut un dixième de seconde pour constater que la grenade s'est accidentellement dégoupillée. L'anneau de sécurité est resté accroché au bouton de la poche d'uniforme.

J'ai le temps de penser : « C'est trop bête. La guerre est finie et nous allons tous mourir. »

Un instant, toute l'ironie du sort m'apparaît. Cet homme venu spécialement pour nous protéger va sans le vouloir provoquer notre mort, lui dont j'ignore le prénom, puisque je l'ai d'office baptisé notre « ange gardien », va mourir avec nous.

À cause de la déclivité de la maison, la grenade revient vers la sentinelle. Je plaque mon petit frère contre le manteau de la cheminée. Tournant résolument le dos à la grenade, je me serre très fort contre Claude, je lui fais un rempart de mon corps. Le temps d'un éclair, mon regard croise celui de maman, agenouillée devant l'âtre. Dans ses yeux, je vois briller des larmes. Je pense à nouveau : « C'est bête, c'est trop bête. »

Mon petit frère, lui aussi, a vu le danger. Tout bas il murmure : « Mon Dieu, moi si vous voulez, mais pas Geneviève, pas maman. »

Une seconde effarée, la sentinelle réagit. Je l'entends faire un mouvement. L'homme se jette sur la grenade, la ramasse, bondit vers la porte, sort en courant de la cuisine et lance au loin sur le remblai l'engin meurtrier. Une forte explosion déchire le silence qui nous entoure. Nous n'osons même plus respirer. L'écho de l'explosion s'éloigne.

Maman est la première à réagir. Elle se relève et sort. Notre ange gardien est allongé sur le sol de la cour, à plat ventre, immobile. Le pauvre, il est mort, à coup sûr. Il s'est sacrifié pour nous sauver.

À demi habillé, Claude m'entraîne dans la cour, près du malheureux soldat étendu. Et là, nous respirons. Il n'est pas mort, le soldat, non, il n'est pas mort. Les deux bras repliés sous son visage, il sanglote comme un enfant. Agenouillée près de lui, maman caresse ses cheveux comme elle le fait à ses petits quand ils ont du chagrin. Elle lui parle doucement, tendrement, elle le remercie de son acte d'héroïsme qui nous a tous sauvés. Le grand garçon étendu là ne comprend pas un mot de français, mais la voix douce et apaisante de ma mère vient à bout de ses sanglots. Un peu honteux de s'être laissé aller, il se relève. Du haut de son mètre cinquante, ma petite mère paraît plus grande, tout d'un coup. Debout l'un à côté de l'autre, elle et le soldat se regardent longuement, sans parler. Car il n'est nul besoin de parler pour se comprendre et ces deux-là, tels une mère et un fils, laissent passer dans leurs yeux toute la tendresse du monde.

Attiré par le bruit de l'explosion, Kerry s'est levé et vient aux nouvelles. La sentinelle encore tremblante lui explique ce à quoi nous venons d'échapper. Mis au courant, George rappelle avec sévérité le jeune soldat à plus d'attention, puis il le félicite pour son grand courage et ses prompts réflexes. J'essaie d'expliquer au lieutenant que je suis la seule responsable de ce qui vient d'arriver : en dégringolant les escaliers ce matin, j'ai dû, avec ma tête, abîmer la goupille de la grenade ; elle n'attendait qu'une occasion pour se décrocher.

Il nous faut de longues minutes pour nous remettre de nos émotions. Spectacle insolite, le vieil Allemand s'anime réellement pour la première fois. Du moins manifeste-t-il pour la première fois une joie sans retenue, un sentiment véritablement humain. Il se lève, s'approche de notre sentinelle et vient lui serrer chaleureusement la main, imité par son jeune camarade qui pour ce faire se redresse sur son lit de paille.

Je profite de l'absence du père, parti en barque à la Bergerie, pour demander à Kerry de m'apprendre à tirer au fusil. Notre gentil géant est immédiatement d'accord. Il me demande d'accrocher une boîte de ration vide à la barrière du marais et d'installer une chaise au milieu de la ligne de chemin de fer. Il évitera ainsi de fatiguer sa cheville blessée. Je prends alors avec lui ma première leçon de tir. Je suis au début un peu surprise par le bruit, lorsque part le premier coup, mais je m'y habitue vite. À la quatrième balle, je touche la cible. Mon grand soldat applaudit. À partir de cet instant et pour toujours, je crois, j'aime et j'aimerai passionnément le tir. Petit Claude, venu nous rejoindre, veut lui aussi essayer. L'arme est trop lourde pour ses petits bras. Qu'à cela ne tienne ! Kerry se lève, pose le fusil sur la chaise, montre à l'enfant comment il doit s'y prendre et le petit fait mouche du premier coup. Tout heureux, nous décrochons notre cible pour aller la montrer à George et à notre ange gardien. Les deux soldats félicitent le petit garçon qui, modestement, reconnaît qu'il ne l'a pas fait exprès.

Claude installe ensuite son jeu de dada auprès du lit et invite les deux blessés à disputer une bonne partie. Les deux Américains rient de bon cœur à chaque point que marque le petit garçon qui, lui, rit aux éclats chaque fois qu'un heureux coup de dés lui permet de faire avancer d'une ou plusieurs cases ses petits chevaux de couleur.

Pour occuper la matinée, j'aide maman à des travaux de ménage. Au retour du père, la maison est bien rangée et la table mise pour le repas de midi. Nous mangeons, Claude et moi, à toute allure, pour partir plus vite à la Bergerie.

Avant de nous laisser aller, maman nous engage vivement à marcher à contre-piste, ce qui, en temps ordinaire, nous est formellement interdit. Mais nous ne voyons là, ce jour-là, rien d'anormal. Dans l'état où sont les rails, comment un train pourrait-il passer ?

Nous quittons notre 104, emmitouflés comme en plein hiver et, tout heureux, nous nous élançons en courant en direction du PN 103. C'est si bon d'avoir à nouveau le droit de courir, de gambader à notre gré ! Mes courses folles dans ma chère campagne commençaient à me manquer. Nous nous arrêtons un instant, stupéfaits par l'énormité des dégâts causés à la voie par les bombes larguées dans la nuit de vendredi à samedi. Tels des bras implorant pitié, les rails tordus se tendent vers le ciel. Quelle force colossale se cache donc dans les bombes pour qu'elles arrivent à traiter ainsi un acier si solide qu'il supporte sans se rompre, pendant des années et des années, le poids des trains ? Dans ma tête, la ronde des « pourquoi » recommence. Pourquoi les grandes personnes mettent-elles leurs connaissances au service de la destruction ? Elles font de bien belles choses, parfois. Alors pourquoi pas toujours ?

De tous les travaux faits par les grandes personnes, ce qui me plaît le plus, c'est de les voir faucher un champ de blé. Les hommes, portant chacun leur outil sur l'épaule, prennent place de grand matin en lisière du champ, éloignés les uns des autres d'environ quatre mètres. Sans se presser, après avoir donné un dernier petit coup de pierre à affûter sur les lames brillantes, ils se mettent à l'ouvrage. Leur taille se balance au rythme du va-et-vient des faux, ils avancent régulièrement et les blés tombent tous du même côté, à gauche du faucheur. Lorsque les hommes se sont un peu éloignés, les femmes interviennent. Elles relèvent les blés, les rassemblent en gerbes, et en quelques heures le champ est moissonné. Bien liées par groupes de cinq, les gerbes ressemblent de loin à des groupes d'enfants en train de comploter. À quel mystérieux conciliabule les blés se livrent-ils donc au soleil couchant ? Parlent-ils de leur merveilleux destin qui les transformera demain en nourriture pour les habitants de la Terre ? Parlent-ils du fabuleux bonheur que connaîtront ceux qui recevront la consécration du Pain partagé ? Pensent-ils que le choix des hommes se portera sur les plus beaux d'entre eux pour les rendre à la terre sous forme de semence ? Oui, c'est de cela que parlent les gerbes blondes et dorées serrées au crépuscule les unes contre les autres. De tous les travaux d'hommes, je n'en connais pas de plus beau que celui-là.

Tout heureux, nous reprenons notre marche. Notre joie est de courte durée. En arrivant au pont de la rivière, nous tombons sur deux cadavres énormes, gonflés et puants, qui barrent la piste. En les apercevant, Claude lève vers moi des yeux pleins de détresse. Moi-même, je suis horrifiée. Et je ne comprends pas. Notre mère, en allant traire les vaches à la ferme qui jouxte le PN 103, passait tous les jours par là. Ces cadavres immondes, elle les avait vus. Elle savait donc que nous allions les voir.

En plus, elle nous a bien recommandé de marcher à contre-piste. Donc, elle *voulait* que nous butions sur ces corps. Pourquoi ? Désirait-elle nous confronter brutalement à l'aspect le plus écœurant de la mort, ou bien voulait-elle simplement nous éviter de buter sur ces Allemands au retour, de nuit, ce qui nous aurait terrifiés encore plus ? Une autre question qui restera à jamais sans réponse. Une chose est sûre : si notre mère avait tenu à nous éviter ce spectacle, elle nous aurait encouragés à aller à la Bergerie en bateau.

Elle ne l'a pas fait. Elle nous a intentionnellement envoyés au-devant de cette puanteur. Plusieurs fois, par la suite, je lui ai demandé pourquoi elle avait ainsi décidé de nous mettre à l'épreuve. Elle a toujours détourné la conversation.

Ces cadavres sont restés là, à se décomposer, empestant l'air d'une odeur de cauchemar jusqu'au mois d'août. Ensuite, un beau jour, ils ont disparu. Sans doute les avait-on portés au cimetière, à moins qu'une âme compatissante ou à l'odorat délicat les ait tout simplement jetés dans le lit de la rivière.

Je suis la plus âgée, c'est à moi de réagir. J'aide mon petit frère à escalader le ballast et nous terminons notre parcours sur les traverses de la voie ferrée. Notre joie d'être libres s'est définitivement envolée. Déjà terriblement bouleversé par les événements de ces derniers jours, petit Claude supporte difficilement cette nouvelle vision.

Croyant ramener un peu de sérénité dans son cœur, je lui dis en guise de consolation :

— Après tout, c'étaient des Allemands. En voilà deux qui ne nous feront plus jamais de misères.

L'enfant ne répond pas. J'ai peine à soutenir le regard profondément malheureux qu'il me jette en levant vers moi ses immenses yeux bleus.

La vue du planeur parfaitement intact posé comme un grand oiseau au repos en plein milieu du clos de la Bergerie change heureusement le cours de nos pensées. Mon Dieu qu'il est beau, ce planeur, qu'il est beau ! Il est beau et il est tout à moi ! Ensemble, nous en faisons le tour, l'examinant en détail, essayant de deviner, d'après sa taille, quelle cargaison il a pu apporter : hommes ou matériel ? Je m'installe aux commandes. Pendant quelques instants, j'ai la sensation merveilleuse de réaliser enfin mon rêve d'enfant. J'ai un avion bien à moi ! Même s'il n'a pas de moteur, c'est quand même un avion.

Francis vient nous rejoindre et nous dit :

— J'ai une surprise pour vous, les petits. Venez voir. Il nous entraîne vers quelque chose de bizarre, quelque chose qui sort du sol, quelque chose entouré de fil de fer barbelé. Notre étonnement est si fort que notre grand frère, grand par l'âge seulement car lui aussi a souffert de la faim depuis des années et n'est pas plus grand que moi, fier de ses quatorze ans, amusé par la surprise des « petits », veut nous faire languir et refuse de nous dire ce qu'est ce cône métallique étrange qui disparaît à demi dans le sol. Il nous dit simplement : « Devinez. » Et nous devinons : c'est une bombe qui n'a pas éclaté en touchant le sol. Bien cernée par quatre pieux fichés dans la terre et garnis de fils de fer barbelé pour que les animaux ne s'en approchent pas, elle a l'air tout à fait inoffensif.

J'ai peine à imaginer qu'un engin aussi bizarre et somme toute assez quelconque puisse cacher une puissance telle que les rails de chemin de fer eux-mêmes n'y résistent pas et se brisent comme de vulgaires fétus de paille. Nous ne sommes pas au bout de nos surprises : si l'avion allemand, vendredi soir, nous a manqués, il n'a pas raté notre troupeau. Nous n'aurons plus de lait : Blanchette est morte. Notre brave vache n'est plus qu'un cadavre énorme qui commence à gonfler. D'autres bêtes du troupeau ont elles aussi été déchiquetées. Mais la Bergerie, elle, n'a pas souffert. La maison est toujours debout, sans une égratignure.

Francis nous raconte une histoire à peine croyable. Réveillé par le bombardier qui rôdait à basse altitude autour du PN 103, il ouvrit la porte de la cuisine pour voir ce qui allait se passer. Appuyé contre le chambranle de la porte, scrutant la nuit noire, il entendit soudain un sifflement aigu et sentit un souffle de vent frôler ses doigts : un éclat de bombe venait de passer sans le toucher entre son pouce et son index, pour aller se ficher dans le montant de l'armoire où il est toujours. Francis nous raconte ensuite comment il a lui aussi reçu dans la nuit du 5 au 6 les tout premiers parachutistes et les occupants de plusieurs planeurs. Il les a emmenés au cellier où ils ont trinqué en puisant le cidre directement au tonneau.

L'après-midi passe vite. Nous avons tant de choses à nous dire ! Avec un saladier de crème fraîche, du sucre et les toutes dernières pommes de la dernière récolte, notre grand frère nous bricole un goûter délicieux. Puis il nous demande de partir, ne voulant pas, nous dit-il, nous savoir sur le chemin du retour à la nuit tombante. Une dernière chose : avant de partir, je monte dans ma chambre, au premier étage. Par la fenêtre, j'aperçois le clocher de Sainte-Mère-Église. Il est toujours debout, mais nul drapeau n'y flotte, ni américain, ni allemand, ni français. Pour moi, le drapeau de la victoire ne pouvait être que sur le clocher. Or, il était sur la mairie. Et je ne pouvais pas le voir.

Sur le chemin du retour, pour éviter de rencontrer à nouveau les deux cadavres allemands, nous marchons à contre-voie. Maman s'est trompée, le soleil n'est pas revenu. Il fait un peu moins froid, mais le ciel est toujours aussi triste. Dans la guérite, près du pont, les cadavres des compagnons de travail du père sont là, pêle-mêle, comme ils sont tombés. M. Touzé ne viendra plus chez nous le matin, il ne dira plus en tirant sur mes nattes : « Geneviève, si j'avais quarante ans de moins, je te demanderais en mariage. Tu fais du si bon café... » Pauvre homme, il n'était pas difficile : le café en question n'était que de l'orge grillée. Il faut dire qu'il avait le goût de l'amitié sincère.

Maman paraît soulagée de nous voir rentrer. J'aurais bien aimé traverser les voies et aller à la ferme voir comment nos soldats se sont organisés maintenant que la relève est assurée. Ils se reposent et ils ont bien raison. Nous n'en avons rencontré aucun lors de notre escapade. Le château d'Amfreville pris, la jonction faite, ils n'ont plus rien à faire dans les parages.

Je ne suis pas allée à la ferme. Maman m'avait bien prévenue : pas de désobéissance, pas d'initiative personnelle. Sinon, gare. Je me le suis tenu pour dit. Les coups du père, moralement, ne m'affectent guère. Mais une gifle de ma mère me ferait mourir de honte. En y réfléchissant, je m'aperçois que ma liberté toute nouvelle est encore bien relative.

Assis près de la cheminée, Kerry et la sentinelle bavardent. Un bon feu brûle dans l'âtre. Bien calé contre ses oreillers, George me fait signe de venir près de lui. Il me fait comprendre que, demain, Kerry aura quelque chose à nous apprendre. Curieuse comme je le suis, je veux savoir tout de suite de quoi il s'agit. George me montre alors l'obscurité qui descend et me dit :

— *No, tomorrow.*

Les nuages épais semblent voler aux dernières heures du jour leur luminosité. Que veulent donc m'apprendre George et Kerry ? J'aimerais bien qu'il s'agisse d'une nouvelle leçon de tir. Enfin, je verrai demain.

Lundi 12 juin 1944

Tôt levée, j'aide ma mère à préparer le petit déjeuner. Nos blessés ont bien dormi et le vieil Allemand ne tousse plus du tout. Une fois de plus, le remède de maman a été efficace. Kerry se lève et vient s'asseoir à table pour prendre avec nous son petit déjeuner. Maman me fait remarquer que je parais bien petite entre nos deux géants. Notre ange gardien est aussi grand que Kerry, aussi brun que celui-ci est blond et aussi gentil. Je réponds à ma mère que Francis, hier, à la Bergerie, nous a mesurés. Nous avons grandi. Maintenant, je mesure deux centimètres de plus qu'elle !

— Je n'oserai plus t'appeler petite. On n'a pas idée de grandir aussi vite.

Elle sourit et me propose de commencer mon trousseau aussitôt après ma communion.

— Cette belle robe blanche promise, nous allons la faire. Je couperai un morceau de toile dans le parachute de George. Tu verras, tu seras toute belle. Tu vas trouver un amoureux parmi tous ces jeunes et beaux soldats et il m'enlèvera ma fille.

— Si tu crois être débarrassée aussi vite de moi, tu te trompes. Il faudra qu'il soit rudement gentil l'homme que j'épouserai, car tu sais combien je suis exigeante.

— Tu as raison, c'est long une vie, lorsqu'on n'est pas heureux !

Elle sourit encore et m'invite, en attendant de me mettre à la broderie pour confectionner ce fameux trousseau, à l'aider à faire la vaisselle. C'est moins romantique, mais plus urgent. Tout en travaillant, je réfléchis. Donc, je suis maintenant une grande fille, puisque que maman pense déjà à mon trousseau de jeune mariée.

Kerry m'appelle et me demande de lui prêter un de mes cahiers d'écolière et des crayons de couleur. Intriguée, je me dépêche de ranger la vaisselle propre et je me penche sur son épaule pour regarder ce qu'il dessine. Il dessine, vite et bien, des objets bizarres que je n'ai jamais vus. Il y en a de diverses formes. Je ne comprends rien, je ne vois absolument pas où il veut en venir. Sa page est bientôt couverte de ces objets étranges et inconnus.

Tout en dessinant, il bavarde avec George et la sentinelle. J'ai l'impression, sans bien entendu comprendre entièrement ce qu'ils disent, qu'ils parlent de nous, les enfants, et que ces dessins ont un rapport étroit avec nous.

Arrivé au bas de la page, Kerry ajoute un dernier dessin à sa collection et me le montre. Celui-là, je le reconnais tout de suite : c'est une grenade quadrillée, comme celle que la sentinelle porte à la poche de son uniforme.

Cette fois, je ne comprends plus du tout. Sous chaque dessin, Kerry écrit un nom en lettres d'imprimerie. Il me tend ensuite le *French book* et me demande de chercher le sens de ces mots en français. De plus en plus intéressé, Claude regarde à son tour et cherche lui aussi à comprendre. Le *French book* n'est pas très explicite, mais j'y trouve quand même quelques noms, comme « grenade », « bombe », « piège antitank », « mine », etc. Je constate que tous les dessins de Kerry représentent des engins de guerre. Il a dessiné une mine, dont le dessus a la forme d'un solide dessous de plat, une grenade incendiaire, jolie petite boîte bleue et ronde d'aspect tout à fait inoffensif, des torpilles à ailettes semblables à des jouets d'enfants, des obus de tous calibres. Je fais comprendre à Kerry que je ne vois toujours pas où il veut en venir. Notre géant blond se gratte la tête à la recherche d'une solution. Brusquement, après avoir discuté un instant avec le lieutenant, il demande à la sentinelle de lui prêter une grenade et sort dans la cour en nous faisant signe de le suivre. De plus en plus intriguée, je le regarde poser la grenade dans l'herbe. Il me désigne du doigt puis me la montre.

Croyant qu'il me demande de la ramasser, je me baisse et je tends la main vers l'engin. Alors Kerry pousse un cri terrible :

— *No, Dgenevi, NO ! Dangerous. Boum !*

Cette fois, j'ai compris. C'est une mise en garde. Kerry veut ainsi nous dire que, quels que puissent être les objets insolites que nous trouverons par terre ou dans l'herbe, nous ne devons en aucun cas y toucher ou poser le pied dessus. Pour bien lui montrer que j'ai maintenant compris, je pose mon doigt au hasard sur un dessin représentant une mine. Je lui montre ensuite l'herbe du remblai et je lui fais comprendre par signes que c'est entendu. Nous n'y toucherons pas.

Nous rentrons tous les trois dans la cuisine, où je fais part à maman de la curieuse leçon de choses que nous venons d'avoir. Songeuse, elle me fait remarquer :

— Tu vois comme ils sont gentils. Ils savent que lorsque les eaux des marais se retireront, nous trouverons encore des munitions à la traîne. Ils veulent être certains que vous n'y toucherez pas.

Émue par tant de prévenance, tant de gentillesse, je fais à mes trois soldats un gros baiser. Le plus petit d'entre eux, le lieutenant Wingate, mesure au moins un mètre quatre-vingts. Je suis obligée de me hausser sur la pointe des pieds, et encore je n'arrive pas à atteindre leurs joues sans leur coopération.

Dans l'après-midi, nous recevons une visite. Deux soldats américains en jeep arrivent sur la voie. Ils sont obligés de laisser leur voiture à une soixantaine de mètres de la maison, là où les bombes ont coupé les rails. L'un d'eux demande à voir le lieutenant Wingate. Maman conduit le visiteur dans la chambre.

Nous apprenons après le départ des Américains que nos blessés seront transférés dès demain matin dans un hôpital de toile en cours de montage près du PN 103. Nous nous réjouissons tous à l'idée qu'ils vont enfin recevoir les soins que nécessite leur état. Mais je suis sûre que le départ de George et de Kerry va laisser un grand vide dans notre maison et dans notre cœur. Remarquant notre tristesse, Kerry nous entraîne alors dehors pour un nouvel exercice de tir. Il est heureux de voir avec quelle rapidité nous retenons et appliquons ses directives. Le lieutenant Wingate et la sentinelle à qui nous venons montrer le résultat de notre exercice nous félicitent à nouveau.

Le père, pendant ce temps, est à la Bergerie, occupé à enterrer les bœufs et les vaches mortes. Plus tard, le voyant s'escrimer avec sa pauvre pelle, les Américains creuseront une grande fosse où ils pousseront les cadavres avec un char d'assaut précédé d'une pelle immense, comme un bulldozer.

À la nuit tombée, Kerry sort à nouveau avec son fusil et nous demande de le suivre. Il vide, en tirant en l'air, un chargeur complet de balles traçantes. Les sillons lumineux filant à l'assaut du ciel nous arrachent des cris d'admiration. C'est un merveilleux spectacle. Nous n'avons jamais vu de feu d'artifice et nous découvrons avec ravissement que l'on peut illuminer le ciel uniquement en faisant brûler de la poudre.

Pour ce dernier repas pris ensemble, maman a cuisiné un menu de fête. Les deux cheminées dégagent une douce chaleur. Le canon gronde encore à Montebourg, au-delà de Fresville, et à Chef-du-Pont, mais nous essayons d'oublier cette guerre qui s'est éloignée d'une dizaine de kilomètres.

Je pense à l'étrange destin qui nous réunit une dernière fois, Américains, Allemands, Français, autour de la table familiale. Sans en avoir l'air, j'observe les hommes et j'essaie de deviner leurs pensées. Les deux Américains rayonnent de jeunesse, de joie de vivre, ils rêvent à des lendemains pleins de promesses. J'espère et je souhaite de tout cœur que leurs désirs se réaliseront. Hélas, contrairement à ce que je croyais, la guerre ne fait que commencer. La blessure de Kerry l'immobilisera encore quelques semaines, mais ensuite qu'adviendra-t-il de lui ? Repartira-t-il au combat, comme il en a si souvent manifesté le désir ?

Et notre ange gardien, vers quel champ de bataille sera-t-il envoyé ? Survivra-t-il aux dangers qui le menacent ? J'ai peur pour lui, j'ai peur pour eux tous. Si le jeune Allemand sourit chaque fois que l'un d'entre nous se penche pour le servir, le vieil Allemand, lui, reste de marbre. L'officier mort dans les marais respirait la tristesse et la résignation. Celui-là, par contre, est l'image même du désespoir et de la révolte. Pauvre homme ! Son amertume, sa solitude me font pitié. Il est à table mon voisin immédiat. Je regarde un instant sa main droite posée à plat sur la nappe, puis, surmontant ma peur et ma timidité, je pose doucement ma main sur la sienne. La surprise le fait légèrement sursauter, il tourne vers moi son regard farouche et inquiet. Sans rien dire, je lui souris. À son tour, il me regarde. Voyant sa gêne et son embarras, je lui tends simplement la corbeille à pain. Il me remercie d'un signe de tête. J'aurais tant aimé un sourire...

À quoi pense-t-il, au juste ? Le débarquement tant redouté par les armées de son pays et tant espéré par nous sonne le glas de ses espérances. Réalise-t-il combien folle et criminelle fut pour le monde l'entreprise d'Hitler ? Il devrait être heureux d'avoir été accueilli dans notre maison avec tant d'humanité. Et qu'aurait pensé de lui l'officier mort s'il avait su que, pour nous remercier de notre dévouement, il a essayé de nous faire tous mourir ?

Le père se lève souvent. Il ne laisse à personne le soin de nourrir « son » lieutenant. Que deviendra-t-il, celui-là, notre enfant chéri ? Les médecins sauveront-ils sa jambe ? Je pense à sa mère, là-bas, qui saura bientôt que son fils sera rapatrié. Comme elle va être heureuse ! Rapatrié sanitaire, même avec une jambe en moins, ce n'est pas trop grave. Il vaut mieux perdre une jambe que perdre la vie.

Et les deux Allemands, que vont-ils devenir ? Après leur sortie de l'hôpital, prisonniers de guerre, ils seront probablement internés dans un camp avant que la vie dans leur pays se réorganise et qu'ils puissent rentrer chez eux. Auront-ils compris, alors ? Leur sanglante épopée leur servira-t-elle de leçon ? Les Allemands qui, trois fois en un siècle, ont semé la mort et la désolation autour d'eux, deviendront-ils plus raisonnables, plus humains ?

La voix de ma mère me tire de ma rêverie.

— Ton père a pris la décision de nous déménager demain. Nous repartons vivre à la Bergerie.

— Quand ?

— Je te l'ai dit : demain.

Je me sens brusquement pâlir. Maman s'en aperçoit.

— Ne crains rien, ma chérie. Tout se passera bien. Tu es grande, maintenant, tu pourras te défendre.

— Avez-vous une raison particulière pour repartir là-bas ?

— Ton père pense que la Bergerie est moins exposée que le 104.

L'idée de retourner vivre à la Bergerie ne m'enthousiasme guère. Il y a là-bas de grandes réserves de cidre et le père aura la possibilité de voir tous les jours ses ivrognes d'amis. Pour moi ce sera à nouveau une vie sans joie, sans espérance. Souffre-douleur de Papa Maurice, ce n'est pas un sort enviable, loin de là. Adieu mes longues traversées en barque dans les marais. Je ne verrai plus mes amis les oiseaux, M. Canard ne viendra plus se blottir contre ma poitrine en glissant de façon si douce son bec le long de mon cou. Je me sens tout d'un coup très malheureuse.

Nous avons l'autorisation de rester près de nos amis pour une longue veillée. La dernière. Rassemblés dans la chambre où repose toujours le lieutenant, nous rechignons lorsque vient l'heure d'aller au lit et il faut l'intervention autoritaire du père pour nous obliger à monter dans notre chambre. Fatigué, blotti au creux de mon épaule, mon petit frère s'endort immédiatement.

Venue nous border un peu plus tard, maman s'attarde un moment, avant d'éteindre la lampe, à contempler son petit garçon endormi. En m'embrassant, elle me recommande de bien faire ma prière.

— J'espère que ton père se montrera plus gentil avec toi, mais ce n'est pas certain. Tu dois demander au Bon Dieu une protection toute spéciale pour toi.

— Ne dis rien, maman...

Elle ne peut rien pour moi. Quant à moi, que puis-je faire ? Espérer. C'est tout.

Mardi 13 juin 1944

Ce matin, rien ni personne, pas même le père, ne pourrait me contraindre à rester au lit. Je suis la première levée et je prépare le café pour le petit déjeuner, ce dernier repas que nous allons prendre ensemble. J'ai décidé de ne pas me faire de souci pour l'avenir. Nous verrons plus tard. En attendant, je m'interdis d'y penser. Je suis en train de natter mes cheveux lorsque maman vient me rejoindre. La sentinelle, Kerry, George et papa dorment encore. Dans la cuisine, les deux Allemands sont réveillés. Pourtant, je n'ai pas fait de bruit. Ils ont le sommeil léger, ces deux-là. Maman dispose les bols autour de la table et appelle son petit monde. Ce matin, je prends le père de vitesse. C'est moi qui porte son petit déjeuner au lieutenant. Ma dernière petite joie dans cette maison. Ça valait la peine de me lever tôt.

— *Hello George, how are you, today ?*

— *Very well, Dgenevi, very well, and you ?*

Pour toute réponse, je pose un petit baiser sur le bout de son nez, ce qui, à chaque fois, le fait rire.

Après l'avoir aidé à se redresser sur ses oreillers, je lui donne son café au lait fumant. Il me remercie d'un sourire heureux et détendu. À l'idée qu'il va nous quitter pour toujours, je sens près de mon cœur un petit pincement désagréable. Me voyant toute songeuse, de son index recourbé, George fait toc toc contre mon front. Il voudrait bien savoir à quoi je pense. Mi-sérieuse, mi-amusée, je réponds :

— Je suis une égoïste. Il y a huit jours que votre jambe est blessée, vous avez besoin de soins. Pourtant je me disais que j'aurais bien aimé vous garder encore un peu. Ce n'est pas joli joli...

— *What do you say, Dgenevi ?*

— Rien, je radote.

Dans la matinée, le père attire notre attention sur un groupe d'hommes qui, venant du 103, se dirige vers nous. Ce sont les brancardiers : ils marchent en file indienne. Il n'y a que trois brancards pour les quatre blessés. Les deux Allemands partent les premiers. Le jeune, ému, me sourit et me dit au revoir. Le vieux, lui, s'en va sans dire un mot, toujours aussi sombre.

Vu la gravité de son état, George est installé sur

le brancard restant. Maman l'emmitoufle dans une grosse couverture. Aujourd'hui encore, il fait bien froid, sur nos marais. « Notre » blessé a passé sept jours et sept nuits chez nous, bien au chaud. Nous ne devons pas le laisser attraper froid en nous quittant. Avant de partir, il offre son poignard de parachutiste et ses jumelles à son cher Papa Maurice. J'aimerais bien avoir l'autorisation d'accompagner nos blessés jusqu'à l'hôpital de toile, pour voir comment on va les installer. Hélas, le père m'a simplement dit : « Non. » Il est vrai que l'ouvrage ne va pas manquer. Nous déménageons aujourd'hui même.

Appuyé sur le balai-brosse qu'il a définitivement adopté, Kerry va faire la route à cloche-pied. Je monte sur la voie pour les regarder partir. Passant près de moi, George me dit :

— *Bye bye, Dgenevi !*

Et, du bout des doigts, il m'envoie un baiser. Je n'essaie même pas de dissimuler mon émotion. D'une voix à peine audible, je réponds :

— *Bye bye, George ! Good luck !*

Clopin-clopant, Kerry grimpe sur la piste. Une dernière fois, il nous serre les mains à tous. Très fort. Seul Claude a droit à un gros baiser. Le géant s'éloigne. Soudain, je me mets à courir après lui.

— *Kerry, please !*

Il s'arrête, se retourne.

— *What, Dgenevi ?*

— *Please, Kerry, a little souvenir for me ?*

Il fouille alors ses poches et me tend le premier objet qu'il y trouve : un chargeur plein de balles.

— *Thank you, Kerry. Bye bye, good luck.*

Et je me sauve en courant.

Je monte quatre à quatre les escaliers de ma chambre et je place le chargeur dans la boîte où je range tous mes trésors. Il y restera trente ans.

Je redescends et je reste plantée là, sur la voie ferrée, regardant sur la piste les brancardiers qui s'éloignent lentement, inexorablement. J'ai beau m'interdire d'être triste, j'ai de la peine, beaucoup de peine. C'est fini. Je ne les reverrai jamais, plus jamais. L'hôpital de toile n'est pas loin, mais le père m'a prévenue : ce n'est pas un endroit pour les enfants et je n'aurai pas le droit d'y aller. Ses décisions sont sans appel.

Dieu merci, je vais avoir suffisamment de travail aujourd'hui pour me changer les idées. J'aide maman à emballer nos affaires. Chargée une première fois, la barque s'éloigne sur les marais. Là-bas, dans les hautes terres, le père et Francis achèveront seuls et à dos d'homme le transport de notre matériel. Nous n'emportons pas grand-chose, puisque nous laissons nos meubles : nous en avons d'autres à la Bergerie.

Pendant l'absence du père, nous mettons toute notre ardeur, maman et moi, à ranger notre 104 et à le nettoyer. Nous enlevons la paille qui a servi de lit aux soldats allemands et celle sur laquelle dormaient mes parents et la sentinelle.

Tout en travaillant, maman me fait part d'une idée à laquelle elle songe depuis plusieurs heures. Nous n'avons ni le temps ni les outils nécessaires pour creuser dans l'eau une tombe où pourrait reposer l'officier allemand. Elle voudrait pourtant lui donner une sépulture décente et éviter surtout que les eaux, en se retirant, n'entraînent, le corps vers la rivière. Son idée est toute simple : il suffirait d'entourer le cadavre avec des fagots enfoncés debout dans le sol spongieux et de recouvrir le tout avec d'autres fagots. Mais voilà, le père acceptera-t-il de nous en donner quelques-uns ?

À notre grand étonnement, à son retour de la Bergerie, non seulement il est d'accord, mais encore il nous propose de nous donner un coup de main pour les transporter dans le marais et les enfoncer dans le sol. En moins d'une demi-heure, mes parents construisent un rempart de bois autour du corps. Les alluvions entraînées par les eaux s'y déposeront et formeront un petit tertre qui marquera l'endroit où mourut ce pauvre homme. C'est du moins ce qu'ils espèrent. En fait, la violence des eaux, lorsque les écluses furent rouvertes, entraîna les fagots. Mais, fait curieux, le cadavre ne bougea pas. De braves gens du village d'Amfreville l'enterrèrent dans le marais désormais asséché, à l'endroit où ils le trouvèrent. Il y est toujours.

Je plie le parachute du lieutenant Wingate, avec l'intention de l'emporter à la Bergerie. Dès qu'elle en aura le temps, maman me taillera dedans la belle robe blanche promise. Au cours de son dernier voyage en barque, le père, qui avait trop lourdement chargé son bateau, manque de mourir. Depuis une semaine, dans le Petit Marais, le niveau des eaux a déjà bien diminué. Quelqu'un, quelque part, a sûrement pris l'initiative de rouvrir une des écluses qui coupe le cours de la rivière. Le niveau étant moins haut sur le marais, la navigation est plus pénible : par endroits, la barque racle le fond, mais elle ne risque pas de couler. Par contre, sur la rivière, que le père doit traverser dans toute sa largeur, il n'en est pas de même : le petit bateau trop lourd s'enfonce dangereusement. L'eau recouvre les bords et un faux mouvement provoque, comme il fallait s'y attendre, un début de naufrage. Tel un capitaine refusant de quitter son navire en perdition, Papa Maurice se retrouve debout sur son chargement englouti au milieu de la rivière. Du pré où nous l'observons, nous ne pouvons pas lui venir en aide. Mais Papa Maurice ne manque ni de sang-froid ni d'astuce : il s'accroche à la brouette qui dérive et se laisse porter vers les prés où il retrouve la terre ferme. Son chargement est perdu. « Ce n'étaient que quelques vieilleries sans importance », dit maman. Pourtant, il y avait dans la barque le cheval de bois taillé avec tant d'application et d'amour pour mon petit frère.

Maman me console. Elle me promet de me trouver chez les fermiers, dans les semaines à venir, quelques tâches qui me permettront de me faire un peu d'argent de poche. Je pourrai ainsi acheter un vrai cheval de bois pour l'anniversaire de Claude. Mes grandes vacances seront bien employées.

Été 1944

Jour après jour, la guerre s'éloigne de notre région et la paix, petit à petit, prend la relève, nous permettant de circuler à nouveau où nous voulons. À la Bergerie, la vie reprend son cours normal. Francis, qui a mis à profit les jours terribles que nous venons de vivre pour, entre autres, potasser ses programmes scolaires, passe avec succès son certificat d'études. Le lendemain des résultats, il m'annonce, tout fier, qu'il a trouvé un premier emploi, ce qui constitue à mes yeux un véritable exploit. Je lui demande avec impatience et admiration de quoi il s'agit. Francis refuse de me révéler quoi que ce soit. Mais tout se sait. Et quelques jours plus tard, je finis par apprendre en quoi consiste le premier travail d'homme de mon grand frère : comme beaucoup de jeunes de la région, il s'est porté volontaire pour enterrer les morts qui arrivent de partout, par camions entiers. Deux champs immenses, à la sortie de Sainte-Mère-Église, ont été mis à la disposition des autorités américaines pour y regrouper leurs soldats tués. La population entière se dévoue, chacun selon ses moyens. Nous récupérons les parachutes qui flottent encore dans les marais pour confectionner des linceuls. Mais le stock de parachutes s'épuise vite. Chacun, alors, fournit ce qu'il peut, vieux draps et vieilles couvertures, en attendant l'arrivée des cercueils expédiés par bateau des États-Unis. Ainsi sont les lendemains de guerre. La délivrance de notre région s'est effectuée au prix d'une abominable boucherie. Toutes ces vies fauchées en pleine jeunesse blessent mon âme d'une inguérissable blessure. Et la guerre continue, loin de nous, à l'intérieur de la France, toujours aussi cruelle. Il m'arrive de souhaiter que le monde s'arrête, pour que cesse enfin cette innommable tuerie.

Fils d'Amérique, vos vies à mes yeux avaient un prix inestimable. Pourquoi vous a-t-il fallu payer un tel tribut pour nous rendre une liberté dont nous ne serons peut-être pas dignes ? Sans les menées de ce fou criminel qui a pour nom Adolf Hitler, quel aurait été votre destin, là-bas, près de vos familles, en ce beau pays d'Amérique ? Petits soldats, mes amis, je saigne de toutes vos blessures, je souffre toutes vos agonies et si je me remets tout de même à chanter, c'est parce que vous m'avez appris la rude leçon du courage et de l'espérance. Cette leçon, je ne l'oublierai pas.

Épilogue

Trente-trois ans après le débarquement des Alliés et la libération de la France, le major général de la 82e division aéroportée, Roscoe Robinson Jr., voulut remercier Papa Maurice et Geneviève pour leur « aide incalculable ». Sauver 350 parachutistes américains des 82e et 101e Airborne Divisions dans la nuit du 5 au 6 juin 1944, récupérer plusieurs tonnes de munitions et de vivres dans les marais inondés près de Sainte-Mère-Église, voilà un acte d'héroïsme remarquable !

Le major général voulait ainsi distinguer la famille Duboscq (sans oublier Maman Maurice) en leur remettant la croix de la Valeur militaire américaine. Ici intervient le sénateur Philippe Jutras, conservateur du musée de Sainte-

Mère-Église. En mars 1977, il réussit à identifier la petite Geneviève, devenue entre-temps Mme Trozezynski, résidente de Manéglise, près du Havre. Et c'est ainsi que le 5 juin 1977, à Sainte-Mère-Église, lors des cérémonies commémoratives du débarquement, le général Hocker, représentant les États-Unis, remit à Geneviève, à Mme Duboscq et à Papa Maurice, le diplôme et les médailles de la Valeur militaire américaine, en hommage à leur courage et à leur dévouement.

Postface

Le 14 août 1945, j'emmenai Claude se promener avec moi dans la petite carrière où nous nous entraînions à tirer à la mitrailleuse quelques mois auparavant. Ce fut notre dernière balade ensemble. Je ne savais pas que le terrain avait été entièrement miné par les Allemands. Alors que j'aidais Claude – dont le pied était pris dans un fil de fer – à se relever, je déclenchai le détonateur d'une mine anti-chars. La violence de l'explosion nous projeta chacun dans une direction opposée. Claude mourut sur le coup. Quand à moi, je me retrouvai sur les rails du chemin de fer encore consciente. Le corps éventré, les jambes brisées.

Quelques heures plus tard, on me trouva étendue au fond d'un ruisseau à sec où j'avais réussi à me rouler, et je fus conduite à l'hôpital de Cherbourg.

Je sombrai pendant 9 jours dans un coma profond. Je me réveillai à l'hôpital où je rencontrai un médecin formidable. Je me souviendrai toujours de ce qu'il m'a dit pour la première fois : « Tu peux t'en sortir, mais à une seule condition. Écoute moi bien ! Tu dois le vouloir très fort. Quatre-vingt pour cent de ta guérison dépendent de toi. » Conscient de mon immense volonté, le médecin ne refusa jamais de me dire la vérité sur mon état. Il fit un travail remarquable, et réussit à m'éviter l'amputation.

Doucement, avec l'aide des religieuses, je réappris d'abord à me nourrir puis à reparler ; mais le soir du 22 décembre 1945, j'appris que ma voix était irrémédiablement perdue. Le lendemain, mon père me rendit visite pour la première fois depuis l'accident, et m'annonça la vérité : Claude était mort ; ma mère me mentait lors de ses visites à mon chevet, où elle me faisait croire que mon petit frère était lui aussi à l'hôpital. Mon père me rendit responsable de sa mort.

Le peu de vie qui me restait et auquel je m'accrochai désespérément depuis quatre mois, m'abandonna lentement. Peu à peu je m'enfonçai dans une nuit bienheureuse où il n'y a plus de place pour les souvenirs qui déchirent le cœur. Une nuit d'où j'aurais voulu ne jamais sortir.

Pourtant je ne suis pas morte. Je suis sortie de cette grave syncope encore plus diminuée. Devenue aveugle, je fus hospitalisée à Paris et après quelques mois de soins, j'ai retrouvé la vue mais je n'ai jamais retrouvé complètement l'intelligence vive et alerte que j'avais dans mon enfance. Il me fallut de longs exercices pour redonner à mon cerveau la plénitude de ses moyens. Après avoir volontairement quitté l'hôpital, je me remis à mes études, et avec l'aide de Mlle Burnouf, je passai mon certificat d'études à quinze ans.

Je me suis mariée à dix-sept ans avec un homme d'origine polonaise avec qui je correspondais régulièrement à l'hôpital. L'idée de ne plus retourner chez mes parents me poussa à accepter sa proposition bien que je ne le connaissais pas. Pourtant, le malheur nous frappa encore une fois avec la disparition prématurée de notre premier bébé, atteint d'une malformation d'estomac. Ce drame contribua à nous séparer et un jour, le marin polonais déserta son « port d'attache ». Je restais seule avec nos cinq petits.

Papa et maman Maurice se sont séparés au bout de trente-six années de vie commune.

Les cicatrices de mes blessures me font souffrir parfois, mais je souffre également des blessures que je n'ai pas reçues, j'endure les tortures des soldats américains massacrés sous mes yeux.

Je totalise plus de cinq années d'hôpital et trente interventions chirurgicales. Mon corps est constellé d'environ trois cents éclats de mine. La chirurgie esthétique m'a redonné une apparence à peu près acceptable mais je ne chante plus.

J'attends avec une certaine impatience, l'heure du grand rendez-vous auquel Dieu, un jour ou l'autre, sera bien obligé de me convier.

Ma jeunesse s'est enfuie, mais je me pose toujours autant de questions. Puis-je ici en poser une dernière ? À quelle blessure faite à votre âme pensiez-vous, monsieur de Lamartine, lorsque vous écrivîtes ce poème dont l'écho bouleverse mon cœur :

Le livre de la Vie est le livre suprême
Qu'on ne peut ni rouvrir ni fermer à son choix ;
Le passage adoré ne s'y lit pas deux fois
Mais le feuillet fatal s'y tourne de lui même,
On voudrait revenir à la page où l'on aime,
mais la page où l'on meurt est déjà sous nos doigts...

Geneviève Duboscq

Table

Impression réalisée sur CAMERON par
BRODARD ET TAUPIN
La Flèche
en avril 2004

Composition JOUVE – 53100 Mayenne
N°342393g
Dépôt imprimeur : 23558 - éditeur n° 44953
20.16.0919.9/01- ISBN : 2-01-200919-0
Loi n° 49-956 du 16 juillet 1949 sur les publications destinées à la jeunesse
Dépôt légal : mai 2004

Imprimé en France